KB261215

혼인성사

혼인성사

Anselm Grün
DIE TRAUUNG
Segen für das gemeinsame Leben

Copyright © 2000 by Vier-Türme GmbH
D-97359 Münsterschwarzach Abtei

All rights reserved

Translated by Lee Eun-hee
Korean translation copyright © 2006 by Benedict Press
Waegwan, Korea

Published by arrangement with Vier-Türme GmbH, Münsterschwarzach

혼인성사
2006년 11월 초판 | 2016년 3월 3쇄
옮긴이 · 이은희 | 펴낸이 · 박현동
ⓒ 분도출판사
등록 · 1962년 5월 7일 라15호
39889 경북 칠곡군 왜관읍 관문로 61
출판사업부 · 전화 02-2266-3605 · 팩스 02-2271-3605
인쇄사업부 · 전화 054-970-2400 · 팩스 054-971-0179
www.bundobook.co.kr
ISBN 978-89-419-0618-6 03230
값 7,000원

안셀름 그륀

혼인성사
가정 공동체에 내리는 축복

이은희 옮김

분도출판사

1 혼인성사 | 9

a) 말뜻 — '혼인'의 여러 의미 | 9

결혼 | 9

혼사 | 10

혼인식 | 11

혼인 | 12

'예'라는 대답 | 12

혼인 계약 | 13

혼인 풍속 | 14

b) 성사 | 15

그리스도를 만나는 일 | 15

접촉 | 16

사랑 | 18

c) 성경 말씀 | 20

남자와 여자로 창조하시다 | 20

부모를 떠나다 | 21

한 몸이 되다 | 22

혼인의 불가해소성 | 23

카나의 혼인 잔치 | 24

혼인 — 일상의 성사 | 26

그대 안의 신비 | 27

11 혼인 예식 | 31

a) 혼인 전례 | 32

신랑 신부에게 묻는 질문 | 32

혼인 반지 축복 | 34

혼인 반지 교환 | 35

"저를 당신께 맡깁니다" | 36

혼인 축복 | 38

혼인초 | 38

축복기도 | 40

b) 말씀 전례와 성찬 전례 | 42

독서 | 42

복음 | 44

혼인 강론 | 45

예물 준비 | 46

영성체 | 47

lll 결혼 생활의 예술 | 51

a) 반석 위에 집을 짓다(마태 7,24-27) | 52

우리의 약함을 토대로 삼아 | 54

사랑은 상처를 입힌다 | 56

b) 노아의 홍수 후 평화의 표지(창세 8,1-12) | 59

내면의 보호실 | 60

투명한 구조 | 61

사랑의 비둘기 | 62

화해의 올리브 잎 | 63

사랑의 내성 | 65

그대 상처에 기름을 | 66

c) **사랑과 기쁨의 샘**(필리 4,4-9; 요한 15,9-17) | **68**

가까이 있는 반려자 | 69

우리의 진실 | 70

우리의 품위 | 71

사랑스러운 것 | 72

삶의 의욕 | 73

일상의 사랑 | 74

헌신 | 74

개방 | 75

전망 | 77

1 혼인성사

a) 말뜻 — '혼인'의 여러 의미

●●● 결혼

혼인 예식에서 신랑 신부는 서로 혼인성사를 베푼다. 나는 혼인성사에 대해 신학적으로 서술하기 전에 결혼(Ehe), 혼사(Heirat), 혼인(Trauung) 그리고 혼인식(Hochzeit)이라는 말에 담긴 뜻을 살펴보고자 한다. 언어는 삶의 경험과 지혜의 표현이기 때문이다. '결혼'이라는 뜻의 독일어 'Ehe'(에헤)는 서게르만어에서 원래 '권리, 법'을 뜻하는 말이었다. 결혼은 분명 사회적 삶에 있어서 중요한 제도다. 결혼은 정서적인 것일 뿐만 아니라 배우자가 잘살 수 있도록 도와주는 특정 구조를 가지고 있다. 혼인 계약은 공개적으로 이루어진다. 서로 사랑하는 사람들이 자기들의 사랑을 공개적으로 드러내고자 하는 것은 아주 자연스런 욕구다. 그리고 혼인하는 사람들은 혼인 계약을 통해 서로에게 소속된다. 사회학자들에 의하면, 현대인들은 그 어느 시대보다 소속의 욕구가 강하다. 소속감은 확실히 인간에게 안정감과 확신을 준다. ‘Ehe’는 또 ‘echt’(에히트, 참되다)라는 말과 관련이 있다. 중요한 것은 ‘참되게’, 진실하게 사는 것이다. 결혼은 부부가 서로 아무것도 속이지 않고 진실하게 함께할 때만 이루어진다. ‘결혼’과 ‘참되다’란 말의 관계는 하느님에 의해 남자와 여자로 창조된 인간의 본질에도 부합하고 있음을 암시한다.

●●● 혼사

‘혼사’라는 뜻의 독일어 ‘Heirat’(하이라트)는 ‘Heim’(하임, 집)과 ‘Rat’(라트, 수단·방법)의 두 단어로 이루어져 있다. 이 말은 근원적으로 ‘가정 관리’를 뜻하는 말이다. ‘라트’Rat는 본디, 생계에 필요한 수단을 의미한다. 사람은 혼사를 통해 집과 고향을 얻게 된다. 결혼이 가족들에게 고향을 만들어 주려면 생활에 필수적인 것, 즉 살림살이(Hausrat)가 필요하다. 이것은 외향적인 물건만이 아니라 어떤 특정한 태도를 의미하기도 한다. 현대적 의미에서의 '라트', 즉 어떻게 하면 사람들이 더불어 잘살 수 있는지에 대한 좋은 제언, 바른 지침을 필요로 하는 것이다. 두 사람의 혼사를 통해 이루어지는 가정은 다른 이에게도 고향이 되어야 한다. 두 사람이 서로 사랑하는 곳에서 다른 이들도 사랑받고 있음을 알고 거기서 가정을 느끼는 사랑의 공간이 생겨난다.

●●● 혼인식

혼인식(Hochzeit)은 절정의 시간(hohe Zeit)이고 절정의 축제이며 최고의 환희다. 옛날부터 사람들은 두 사람이 서로 사랑하여 함께 한 길을 가려고 할 때가 절정의 시간임을 알았다. 혼인식은 사람들을 매혹시키고 하느님 사랑의 약속을 일상에 스며들게 하는 축제다. 하느님 친히, 인간에게 주는 가장 큰 선물인 당신의 사랑으로 그들의 삶에 개입하신다. 혼인식을 치르는 사람은 그 예식을 통하여 그의 삶이 하느님 사랑의 신비로 충만해 있음을 드러낸다. 그는 함께 축제를 즐기도록 다른 사람들을 초대한다. 두 사람이 그런 기쁜 축제를 행할 용기가 없다면 그것은 두 사람 관계에 뭔가 이상이 있음을 말하는 것이다. 혼인식을 치를 필요가 없고 다른 사람들을 그 축제에 참여시킬 필요가 없다고 여길 만큼 서로를 신뢰하지 않아서일까? 그들의 사랑이 혼인식에서 보여 줄 만한 것이 없을 만큼 무미해서일까?

●●● 혼인

　'혼인'을 뜻하는 독일어 'Trauung'(트라웅)은 'trauen'(트라우엔, 믿다)에서 온 것으로, 서로 신뢰한다는 뜻이다. 결혼하는 사람은 자신을 타인에게 맡긴다. 배우자와 하느님의 축복에 신뢰를 두는 것이다. 그는 자신을 믿으며 배우자 역시 신의를 지킬 것이라고 믿는다. '신뢰'를 뜻하는 독일어 'Trauen'은 'treu'(트로이, 신의 있는)와 연관이 있다. 'treu'는 본디 '나무처럼 강하고 흔들림 없는'을 뜻하는 말이다. 타인에게 자신을 맡길 용기가 있는 사람은 거기서 생기는 신의가 의지할 수 있고 확신을 주며 기대해도 되는 확실한 버팀목이 될 것이라는 희망을 가진다. 나무가 성장해서 더욱 탄탄해지듯이 신뢰도 그렇게 성장하는 것임에 틀림없다. 처음부터 그런 것은 아니다. 부부는 혼인함으로써 배우자와 하느님의 축복에 대한 신뢰가 충분하다는 것을 나타내며, 한평생 배우자와 견고하고 확실한 결합을 성취하게 된다. 오늘날 부부들은 흔히 서로 매이는 것을 두려워한다. 어원을 통해 알 수 있는 옛 모습은 분명 이와 달랐다. 그때는 혼인이 신의와 위로의 약속, 확신과 지속의 약속이었다.

●●● '예'라는 대답

　『혼인 예식서』에는 신랑 신부가 서로 '예'라고 대답하는 순서가 있다. 거기엔 깊은 뜻이 있다. '예'라고 대답하는 것은 상대를 전적으로 긍정하는 것이다. 그것은 자발적으로 조건 없이 수락할 때만 가능하다. 두 사람이 서로를 있는 그대로 받아들일 때, 서로의 모든 것에 대해 '예'라고 말할 때 비로소 두 사람을 위한 하나의 공간이 생기고, 여기서 하느님이 처음 염두에 두셨던 그 모습으로 더욱 변화될 수 있다. '예'라는 대답은 내 안의 많은 것, 상반되는 것까지도 하나로 묶는 괄호와 같다. 그것은 나에 대한 확신을 주며, 내가 자신에게 어울리는 모습으로 성장할 수 있게 한다. 두 사람의 '예'라는 말은 거기 함께 있는 사람들의 마음에도 스며든다. 조건 없이 서로를 긍정하며 받아들이는 두 사람 곁에서 다른 사람도 긍정으로 받아들여짐을 느낀다. 따라서 혼인식은 긍정의 축제요, 기쁨의 축제다. 하느님께서 우리 인간을 조건 없이 받아들이셨으므로 우리도 서로를 받아들이는 기쁨을 누릴 수 있기 때문이다.

● ● ● 혼인 계약

　『혼인 예식서』에는 또 "신랑 ○ ○ ○와 신부 ○ ○ ○가 혼인 계약을 맺는다"라는 말이 있다. 두 사람은 서로 맺어지는 것이다. 그러나 서로를 맺는 끈이 그들에게 굴레가 되어서는 안 된다. 오히려 언제고 다시 그들을 갈라놓으려고 위협하는 것을 묶는 끈이 되어야 한다. 사람은 누구나 자기 안에 있는 분열성을 느낀다.

감정은 그의 가슴을 찢어지게 하며 여러 의무와 과제는 그의 내면을 분열시킨다. 그럴 때 그 여러 가지 것들을 하나로 묶는 끈이 필요하다. 성경은 사랑이야말로 인간을 하나로 묶는 완벽한 끈이라고 말한다. 자신을 상대방과 묶는 것은 그에 대한 조건 없는 사랑의 표현이자, 이 묶음이 두 사람에게 좋고, 활기를 주며, 두 사람의 내적 괴리를 없애 줄 거라는 신뢰의 표현이다.

●●● 혼인 풍속

결혼, 혼사, 혼인, 혼인식의 숨겨진 뜻은 어원을 통해서만 드러나는 것은 아니다. 각 민족들 사이에 오랜 옛날부터 전해 내려오는 수많은 혼인 풍속에서도 그것이 드러난다. 신부가 친정 부모의 영역에서 벗어나 새로운 삶의 방식으로 나아간다는 것이 많은 혼인 풍속의 주 내용이다. 어떤 지역에서는 한밤중에 신부에게 두건을 씌우는 풍습이 있는데 종종 혼인 당일에 신부를 납치하기도 한다. 또 둘이서 함께 길을 가기 위해 무장한다는 의미로 이제 막 혼인한 부부가 빵과 소금을 먹기도 한다. 신랑 신부가 함께 하나의 통나무를 톱으로 자르는 혼인 풍속도 여러 지역에서 볼 수 있는데, 이것은 옛 끈이 끊어지고 새로운 삶의 장이 시작된다는 상징을 담고 있다. 이스라엘에서는 한밤중에 신랑이 집에 있는 신부를 잘 장식된 마차에 태워 혼인식이 거행될 자기 아버지 집으로 데려온다. 그리고 다음날 온종일 혼인 축제를 벌인다. 이러한 풍속들은 신부가 친정 부모의 영향에서 벗어나 신랑과 함께 꾸려 갈 새집으로 들어갈 때만 혼인이 성사된다는 것을 말해 주고 있다.

b) 성사

●●● 그리스도를 만나는 일

결혼, 혼사, 혼인, 혼인식의 본질은 그 말의 의미에서 이미 어느 정도 나타나고 있다. 교회에서는 혼인을 성사로서 거행한다. 성사(Sakrament)는 말 그대로 '종교적 신비, 축성, 의무'를 뜻한다. 'Sacrare'(사크라레)는 '축성하다, 신성에 바치다, 거룩하게 하다, 확고하고 침해할 수 없게 하다, 강화하고 봉인封印하다'를 의미한다. 교회가 혼인을 성사로 이해할 때 그것은 곧, 두 사람의 서로에 대한 '예'라는 대답이 하느님과 연관이 있음을 의미하는 것이다. 교회는 결혼을 축성하고 축성을 통해 결혼을 거룩하고 온전케 하며 하느님의 축복 속에 머무르게 한다. 이로써 교회는 혼인 당사자들에게 그들의 혼인 계약이 누구도 침범할 수 없이 확고하고 온전하게 유지될 것이라는 희망을 선사한다. 독일어로 '축성하다'는 말은 '부드럽다'는 말과도 관련이 있다. 결혼은 성사를 통해 굳어지지 않고 부드러워지며 유연하고 생생해진다. 결혼은 신랑 신부를 하느님의 축복으로 더욱 부드럽고 더 열린 마음으로 서로 위하며 더욱 자애롭고 사랑이 충만한 사람으로 변화시키는 길이 되어야 한다.

신학에서 성사는 예수님이 2,000년 전에 행하셨던 일이 오늘날 우리의 구체적인 삶 속으로 흘러 들어와 이 세상에 현존함을 의미한다. 결혼과 관련해서는 죽기까지 우리를 사랑하셨던 예수님의 사랑이 신랑 신부의 사랑 속으로 흘러 들어와 그 사랑을 변화시킴을 뜻한다. 혼인성사는 소유욕과 자기 합리화와 오해 때문에 늘 부서지기 쉽고 위협받는 두 사람의 사랑을 그리스도가 흠 없이 온전하게 함을 의미한다. 그리고 교회는 혼인을 신랑 신부가 그리스도를 만나는 중요한 일로 여긴다. 신랑 신부는 서로 사랑하면서 그리스도의 사랑이 그들에게 구체적으로 무엇을 의미하는지 알 수 있게 된다. 부부애를 통하여 그들은 십자가 위에서 완성된 그리스도의 사랑의 신비를 향해 한층 성장해 간다. 서로 사랑하려는 나날의 노력에서 그들은 "친구들을 위하여 목숨을 내놓는 것보다 더 큰 사랑은 없다"(요한 15,13)는 예수님 말씀이 정녕 무엇을 의미하는지 깨닫게 된다.

●●● 접촉

중세 신학은 무엇보다도 게르만적 사고思考의 영향으로 성사를 다르게 이해했다. 성사는 볼 수 없는 것을 가시적인 표지로 중재한다는 것이다. 여러 성사에서 가시적인 표지는 손을 대거나 기름을 붓는 것인데 이것은 영향력 있는 말과 결합되어 있다. 성사는 늘 접촉하며 거행된다. 교부들의 말씀에 따르면, 성사 때 역사적 예수의 손이 우리를 만지며 우리를 치유하는 사랑으로 중재한다. 결혼 생활에서 성적性的 일치로 절정에 이르기도 하는 부부의 감미로운 접촉은 곧 하느님의 사랑을 의미한다. 이것은 다시 말하면 부부애의 품위를 뜻하기도 한다. 성사 신학은 여전히 육체를 경시하는 가톨릭 윤리신학보다 성性을 훨씬 긍정적으로 바라본다. 부부는 육체적으로 사랑을 나누면서 아주 밀도 높게 하느님을 체험할 수 있다. 육체적 사랑에 대한 이러한 성사적 이해는 오늘날의 심리학적 통찰과도 부합한다. 융 심리학을 따르는 결혼 상담가 한스 옐로우쉑Hans Jellouschek은 성性에는 초월적 잠재력이 숨어 있다고 말한다. 성행위는 자신을 넘어서는 초월의 신비, 마르지 않는 하느님의 가없는 사랑을 보여 준다. 철학자 발터 슈바르트도 모순을 일치시키는 하느님의 영이 신성한 일치와도 같은 어떤 것을 이 세상 안으로 들어오게 하는 부부애와 깊은 연관이 있다고 본다: "거룩한 일치는 인간의 이중성을 이용하여 자신을 드러낸다. … 모든 사랑의 행위는 완성을 향한 출발이며 하느님과 인간의 재융합을 위한 서막이다. … 두 연인이 있는 곳이면 바로 그곳, 우주의 한 지점에서 분리의 상처는 아문다"(W. Schubart, *Religion und Eros*, München 1941, 83-84).

●●● 사랑

볼 수 있는 것이 볼 수 없는 것을 중재한다면 이것은 보이는 것이 전부가 아님을 뜻하기도 한다. 보이는 것은 단지 볼 수 없는 것, 신성한 것에 대한 암시일 뿐이다. 성사에 대한 이러한 이해는 종종 자신들의 이상적인 이미지로 상대에게 지나친 요구를 하는 부부의 부담을 덜어 준다. 배우자에게 뭔가 절대적인 것, 뭔가 거룩한 것을 기대하기에 많은 결혼이 실패하는 것이다. 절대적인 사랑, 절대적인 이해, 절대적인 신의를 기대함으로써 배우자를 힘겹게 한다. 오직 하느님만이 절대적인 것을 선사할 수 있다. 사람에게 절대적인 것을 기대하면 나는 늘 실망할 수밖에 없다. 상대의 사랑에는 언제나 한계가 있음을 느끼게 되기 때문이다. 상대의 기분이나 자기 합리화, 그리고 상대의 상처받은 삶의 역사에 따라 사랑의 정도가 달라진다. 상대방이 내게 주는 것은 결코 충분할 수가 없다. 그러나 그 사랑이 하느님의 사랑을 보여 주는 것이라고 이해하면 나는 사랑을 누리며 기뻐할 수 있다. 타인의 사랑은 부서지기 쉽다는 것, 어쩌면 바로 다음 순간에 그는 나를 사랑하는 마음보다 자신의 상처에 더 영향을 받을 수 있다는 것을 나는 안다. 나는 또 이 사랑이 확고하지 않다는 것, 상대방으로부터 계속하여 더 많은 사랑을 길어 낼 수 없다는 것도 안다. 하지만 그 사랑을 누릴 수는 있다. 상대의 사랑에서 결코 마르지 않는 하느님의 절대적인 사랑의 그림자를 느끼게 된다. 부부간의 사랑이 하느님 사랑을 향해 열려 있으면, 상대가 자신을 사랑하지 않는다고 비난하면서 부부애를 위협하는 일을 하지 않게 된다. 부부는 상대의 사랑을 기뻐하지만 그것에 집착하지 않는다. 그들은 서로의 사랑이 하느님을 얼비치고 있음을 안다. 자신의 사랑의 감정이 아니라 하느님이야말로 그들이 기댈 수 있는 본래의 토대다.

부부간의 사랑이 하느님 사랑을 보여 주면 그 사랑은 결코 지루해지지 않는다. 많은 부부가 그들의 사랑이 일상적으로 되어 버려 강렬한 사랑의 느낌이 점점 사라지기 때문에 힘들어한다. 상대를 알기에 사랑은 이제 더는 매력적이지 않다. 더는 사랑의 마술에 걸리지 않는다. 그러나 부부의 사랑이 여전히 신성한 사랑의 신비를 보여 주면 그 사랑은 결코 끝날 줄 모른다.

언젠가 나는 상대의 몸을 알게 된다. 그러나 배우자의 몸이 내게 하느님 사랑의 신비를 보여 줄 때, 상대의 눈길에서 하느님 사랑의 눈길을 느낄 때, 사랑은 생생하게 유지된다. 그때 부부애는 하느님의 무한성과 영원성을 나누어 가진다. 나는 배우자의 사랑이 언제나

무상의 선물임을 경험하고 나 자신의 사랑까지 신비임을 체험하게 된다. 거기서 하느님의 무한한 신비와 접촉한다.

c) 성경 말씀

●●● 남자와 여자로 창조하시다

교회는 성경 말씀으로부터 혼인 신학을 도출했다. 이에 관한 중요한 구절은 마태오 복음 19장 3절에서 12절까지의 말씀이다. 처음에 이혼에 관한 내용이 나오지만 예수님은 바리사이들과 대화하면서 결혼의 본질이 어디에 있는지를 알려 준다. 예수님은 대화 상대자를 성경 말씀으로 가르치신다: "너희는 읽어 보지 않았느냐? 창조주께서 처음부터 '그들을 남자와 여자로 만드시고' 나서, '그러므로 남자는 아버지와 어머니를 떠나 아내와 결합하여, 둘이 한 몸이 될 것이다' 하고 이르셨다. 따라서 그들은 이제 둘이 아니라 한 몸이다. 그러므로 하느님께서 맺어 주신 것을 사람이 갈라놓아서는 안 된다"(마태 19,4-6). 여기서 결혼의 본질에 관한 세 가지 중요한 명제가 성립된다. 첫째 명제는 결혼의 전제와 토대가 되는 것으로 하느님께서 사람을 남자와 여자로 창조하셨다는 것이다. 따라서 결혼은 창조주의 뜻에 부합한다. 남자와 여자는 나란히 창조되었고, 그들은 나란히 함께 짝을 이룸으로써 하느님의 모상을 반영한다. 사랑이며 관계이신 하느님을 이 세상에서 가장 분명히 투영하는 것이 남녀 관계다. 둘째 명제는 결혼의 성립과 관련되는 것이다.

● ● ● 부모를 떠나다

결혼이 성립되기 위해서 남자는 그의 아버지와 어머니를 떠나야 한다. 많은 결혼이 실패하는 것은 남자가 여전히 자기 어머니의 아들로 머물며 내적으로나 외적으로 아직 어머니를 떠나지 못했기 때문이다. 이런 방식으로 독립되지 않은 상태에서는 남자가 그의 아내에게로 전혀 눈을 돌릴 수가 없다. 그는 여전히 어머니가 어떻게 생각하는지를 묻거나 항상 자기 아내를 어머니와 비교한다. 그리하여 그의 아내는 자기 자신이 될 기회를 전혀 가지지 못하게 된다. 아내는 다만 어머니의 경쟁자가 될 뿐이다. 그녀는 그에게 어머니를 대신하는 사람일 뿐 반려자가 되지 못한다. 반대로 여자의 경우도 물론 마찬가지다. 여자가 친정 아버지를 떠나지 못하면 남편을 배우자로 대하지 못한다. 혹은 여자가 어머니와 지나치게 밀착되어 있으면 남자는 자기 아내뿐만 아니라 그녀의 어머니와도 함께 사는 것이나 다름없다. 결혼은 떠남을, 즉 부모에 대한 의존으로부터의 분리, 부모의 삶의 방식으로부터의 분리를 전제로 한다.

셋째 명제는 남자와 여자는 한 몸이 된다는 것으로 결혼의 목적을 밝히고 있다. 여기서 이원성은 지양된다. 일치에 대한 갈망이 결혼으로 충족된다. 인간은 서로 분리됨으로 인해 괴로워한다. 수많은 신화가 인간이 남자와 여자로 분리되는 테마를 다루고 있다. 이 분리는 끊임없는 성 투쟁의 역사를 이끌었다. 남자들은 여자들을 두려워하여 여자들과 싸웠고 그들을 굴복시켰다. 그리고 여자들은 남자들을 복종시키기 위한 전략을 발전시켰다. 그러나 이러한 싸움은 상처와 적대적인 두려움만 낳을 뿐이다. 남자와 여자가 서로 다른 것은 합하여 결실을 맺기 위함이고 일치를 경험하기 위함이다. 일치의 최고 형태는 성적性的 일치다. 남녀가 한 몸이 되면 일치에 대한 인간의 갈망이 충족된다. 남녀 간의 사랑은 "고독으로부터의 탈출이요, 거룩한 완전으로의 회귀다"(Schubart 84). 발터 슈바르트는 이 성경 말씀을 열정적으로 전개시켰다. "조개에서 넓은 바다의 거대한 힘이 느껴지듯이 연인들의 숨결에서 온 세상 자연이 속삭인다. 당신은 당신의 고독으로부터 구원받아야 한다, 당신은 밖으로 나와 당신의 또 다른 당신, 신께로 가는 조력자를 만나야 한다고 속삭인다. 궁극적으로 성을 나누는 사랑은 인간을 하느님의 품으로 데려가고 나와 너, 나와 세상, 속세와 신성 사이에 가로놓여 있는 선을 지워 버린다"(Schubart 86). 남자와 여자가 한 몸을 이루다는 말씀, 그들이 하느님과 인간의 일치의 증인이라는 예수님 말씀에서 가톨릭 신학은 성사로서의 결혼에 대한 이해를 이끌어 낸다. 결혼은 인간에게 하느님을, 그분 안에서 인간이 비로소 진정한 일치를 경험할 수 있는 하나이신 분을 보여 준다. "사랑하는 사람들은 몸으로만 서로 하나로 얽혀 있는 것이 아니라 모든 것을 휩싸는 하나로 얽혀 있다. 그렇게 연인들은 서로에게 사랑의 세계 시민이 되고 하느님의 조력자 및 증인이 된다"(Schubart 85).

●●● 혼인의 불가해소성

남녀가 성적 결합으로 한 몸을 이루는 것이므로 결혼은 해소될 수 있는 것이 아니다. "하느님께서 맺어 주신 것을 사람이 갈라놓아서는 안 된다"(마태 19,6). 예수님의 이런 확고한 말씀은 오늘날 결혼하려는 많은 사람들에게 두려움을 안겨 준다. 그들에게 혼인의 불가해소성은 절대적인 것처럼 느껴진다. 결혼에 응하는 사람은 배우자와 영원히 함께할 것이라고 서약하지만 이 영원한 신의를 장담할 수 없다는 것을 그 자신도 잘 알고 있다. 혼인 당사자는 배우자가 자기와는 동떨어진 다른 길을 가게 되거나, 혹은 지금까지 몰랐던 심리적 문제가 나타나 함께 살기가 불가능해질까 봐 두려워한다.

예수님에게 있어 혼인의 불가해소성은 하느님의 뜻과
부부 관계의 본질에도 부합한다. 하지만 예수님은 인간
이 이러한 이상理想을 항상 충족시킬 수 없다는 것도 아
신다. 그래서 예수님도 마태오 복음 19장 9절에서 음행
에 관한 것을 덧붙여 말씀하시듯 예외를 두신다. 타인
과 한 배를 탄 사람은 어려움이 닥치면 바로 갈라선다
는 유보 조건을 달지 말아야 한다. 또 결혼하려는 사람
은 자신의 신의를 반드시 보증할 필요가 없다는 것도
알아야 한다. 그는 하느님이 이 결혼을 축복할 것이며
부부가 서로 신의를 지킬 수 있도록 하느님께서 능력을
주실 거라는 신뢰 속에서 배우자와 결합할 수 있다. 혼
인은 인간의 의지로 이루어질 뿐만 아니라 성사로서 하
느님의 은총을 받게 된다. 바로 이 은총만이 계속해서
한 몸 공동체를 가능케 한다.

●●● 카나의 혼인 잔치

요한 복음사가는 카나의 혼인 잔치 이야기에서 예수
님의 혼인 신학을 전개시킨다(요한 2,1-12). 이것은 하나
의 상징적인 이야기다. 이 이야기에서 요한 복음사가는
하느님의 인간 예수로의 육화와 남녀 간의 혼인 사이에
깊은 연관이 있음을 나타내고 있다. 하느님이 사람이
되시면 사람들과 결혼을 하신다. 남녀가 혼인을 하여
하나가 되듯 그렇게 사람들과 하나가 되신다. 하느님이

사람이 되시어 우리와 부부 사랑으로 결합하신다. 이것은 우리의 삶을 변화시킨다. 이제 우리의 삶은 유다인의 정결 예식을 암시하는 여섯 물항아리와는 별 상관이 없어진다. 율법을 엄격히 따르는 것은 이제 더 이상 중요하지 않다. 오로지 계명만을 중시하는 사람은 쉽게 경직될 수 있다. 그의 삶은 화석처럼 굳어지고 무미건조해진다. 하느님의 육화로 우리의 물은 포도주로 변한다. 우리의 삶은 새 맛을 얻는다. 우리는 하느님과 혼인 잔치를 벌일 수 있다. 그래서 초대교회는 성체를 혼인 잔치의 음식으로, 즉 하느님과 하나가 되는 만찬으로 이해하였다.

짐작건대 요한 복음사가는 카나의 혼인 잔치 이야기로 황홀과 변모에 대한 그리스인들의 동경에도 응답하고 있다. 그리스인들은 디오니소스 축제에서 도취에 대한 그들의 동경을 표현했다. 디오니소스는 인간을 매혹시키는 도취적인 사랑을 경험하게 해 준다. 그는 포도주의 신이기도 하다. 축제 전날 사제는 물이 든 항아리 세 개를 신전에 놓아둔다. 다음 날 아침이면 물은 포도주로 변해 있다. 많은 부부가 그들의 사랑이 달아나 버릴까 봐, 그 사랑이 일상에 묻혀 점점 사라져 버릴까 봐, 또 그 사랑이 물처럼 맛이 없어져 버릴까 봐 두려워한다. 결혼 초의 매력은 사라지고 포도주는 더 이상 없다. 모든 것은 그저 지루한 반복일 뿐이다. 요한 복음사가는 이런 두려움에 대해 다음과 같이 대답한다. "하느님께서 인간이 되셨기에 네 사랑의 포도주는 결코 마르지 않는다. 너는 항상 너 자신의 힘으로 사랑의 감정을 일으키려고 할 필요가 없다. 네 안에 신성한 사랑의 샘이 있다. 그것은 결코 마르지 않을 것이다. 너는 디오니소스 축제에서의 그리스인들처럼 도취에 빠지는 축제를 꼭 벌일 필요는 없다. 네가 신성한 사랑으로 너의 내면을 건드리기만 하면 네 삶은 새로운 맛을 얻게 될 것이다. 그러면 너는 마법에 걸리듯 매혹당한다. 그렇게만 된다면 너는 다시금 혼인식에서 맛본 절정의 시간을 체험할 것이다. 그리고 네 사랑의 축제를 끝없이 향유하게 될 것이다."

●●● 혼인 ─ 일상의 성사

교회의 혼인 신학을 전개하는 데 있어 중요한 또 다른 성경 구절은 바오로 사도가 에페소 신자들에게 보낸 서간 5장 21절에서 33절까지다. 여기서 결혼은 그리스도와 교회의 관계와 비견된다. 그리스도가 교회를 사랑하듯 남자는 여자를 그렇게 사랑해야 한다. "남편도 이렇게 아내를 제 몸같이 사랑해야 합니다. 자기 아내를 사랑하는 사람은 자기 자신을 사랑하는 것입니다. 아무도 자기 몸을 미워하지 않습니다. 그리스도께서 교회를 위하여 하시는 것처럼 오히려 자기 몸을 가꾸고 보살핍니다"(에페 5,28-29). 에페소 신자들에게 보낸 서간은 예수님이 혼인에 대한 진술에서 인용한 말을 그리스도와 교회의 관계로 설명한다. "그러므로 남자는 아버지와 어머니를 떠나 아내와 결합하여, 둘이 한 몸이 됩니다. 이는 큰 신비입니다. 그러나 나는 그리스도와 교회를 두고 이 말을 합니다"(에페 5,31-32). 혼인은 이렇게 하느님과 인간의 일치에 대한 표지일 뿐만 아니라 그리스도와 교회의 일치에 대한 표지이기도 하다. 라틴어에서는 이때 '신비'라는 말 대신 '차크라멘툼'sacramentum이란 말을 쓴다. 그래서 가톨릭 교회는 혼인을 성사로 설명하기 위해 항상 이 성경 구절을 인용하였다. 그러나 중요한 것은 말이 아니다. 결정적인 것은 부부애가 교회에 대한 그리스도의 사랑과 같다는 것이다. 부부는 서로 사랑하면서 그리스도가 교회를 어떻게 사랑하는지 경험하게 된다.

●●● 그대 안의 신비

사도 바오로는 그리스도가 교회를 거룩하게 하기 위해 자신을 내주셨다고 말한다. 이와 같이 남자도 자기 아내를 제 몸같이 사랑해야 한다고 사도 바오로는 말한다. 혼인을 성사로서 이해할 때 남녀 사이에 특별한 친교가 이루어진다. 사람이 자기 몸을 위해 영양을 섭취하고 몸을 돌보듯이 남자도 아내를 부양하고 돌봐야 한다. 이것은 남자가 아내를 소유할 권리가 있음을 뜻하는 말이 아니며, 또 그가 이행해야 할 혼인의 의무를 말하는 것도 아니다. 이것은 깊은 주의력과 경외심으로 배우자와 친교를 나누는 것을 뜻하는 말이다. '부양하다'(nähren)와 '돌보다'(pflegen)라는 두 단어는 그리스어로 '부양하다, 격려하다, 교육하다, 보호하다, 돌보다'를 의미한다. 모름지기 남자는 자기 아내를 억압하거나 지배해서는 안 되며 아내가 자신의 신성한 가치를 인식하고 올바르게 살도록, 그리고 온전히 그녀 자신이 되도록 격려하고 고무해야 한다. 또 남자는 아내가 잘 지내도록, 속속들이 편안하도록 보호하고 돌보아야 한다. 그런데 이러한 일은 배우자에 대한 세심한 주의와 직감을 필요로 한다. 또한 성경은 여자는 남편을 공경해야 한다고 말하고 있다. '공경하다'를 그리스어로는 심지어 '두려워하다'라는 말로 표현한다. 중요한 것은 타인은 신비라는 마음가짐이며 타인에 대해 경외심을 가지는 것이다. 남자와 여자가 혼인으로 말미암아 상대를 더 잘 알게 될 것이므로 서로에 대한 경외심과 존중이 필요하다. 이 경외와 존중이 있을 때만 사랑은 지루해지지 않는다. 사랑은 타인의 신비, 뭔가 하느님의 무한한 신비의 빛이 타인을 관통하고 있음을 감지해 냄으로써 늘 새롭게 성장한다. 바오로 사도의 말씀은 이렇게 여자는 남편을 공경해야 함을 뜻한다. 그럴 때 여자는 교회를 위해 자신을 내주었던 예수 그리스도의 신비를 남편에게서 느낄 수 있을 것이다.

그리스도와 교회의 사랑을 혼인을 비교한 에페소서의 말씀에서 시대적 제한을 벗겨 낸다면, 부부애의 신비에 관한 본질적인 것이 확실하게 드러난다. 부부는 그들의 사랑으로 서로 만날 뿐 아니라 그 사랑 안에서 그리스도 사랑의 신비를 체험하게 된다. 혼인은 십자가의 희생에서 여실히 드러나듯이 예수 그리스도 사랑의 신비로 들어가 그 사랑을 배워 습득하는 일이다. 부부는 나날이 서로 사랑하면서 미사에서 그러하듯 그리스도를 체험하고 그분의 사랑을 느낄 수 있다. 그러므로 혼인은 일상의 성사다. 제단 앞에서 이루어진 혼인으로서만이 아니라 날마다의 신의와 사랑으로 부부가 함께 완성시키는 성사인 것이다.

11 혼인 예식

교회에서 멀어진 그리스도인들도 혼인 예식만큼은 교회 예식으로 치르고 싶어 한다. 오늘날 교회를 혼인에 일정한 격식을 부여하기 위해 존재하는 서비스 기업처럼 생각하는 사람들도 적지 않다. 나는 이것을 그리 서글프게 생각하지는 않는다. 두 사람이 함께 가는 길이 그리 만만치 않음을 알고 하느님의 축복을 받는 것이 좋다고 생각하는 사람이 많다는 사실 자체가 건강한 것이기 때문이다. 적어도 혼인 예식을 교회만큼 인상적으로 잘 치를 수 있는 곳이 세상에 없다는 것을 많은 사람이 잘 알고 있다. 보통 때는 교회의 오래된 전례를 우습게 생각하는 사람도 자신의 결혼식 때는 기꺼이 그

것을 받아들인다. 혼인 예식을 행한다는 것은 두 사람이 함께한다는 것에 대해 뭔가를 표현하는 것이다. 함께 가는 길에 대해 예식을 치를 용기가 없는 사람은 다른 아무것도 할 자신이 없으며 그 길은 쉽게 지루해지고 일상적이 되어 버린다. 모든 문화에는 통과의례가 있다. 혼인이야말로 모든 종교에서 특별한 의식으로 치러진다. 통과의례는 새로움에 대한 우리의 두려움을 없애 주는 동시에 인생의 새 마당을 위해 필요한 에너지를 불어넣어 주는 것이다.

a) 혼인 전례

● ● ● 신랑 신부에게 묻는 질문

교회의 혼인 전례는 아주 간단하다. 혼인 전례는 몇 가지 요소를 갖추고 있는데 이 요소들은 말씀 전례나 성찬 전례를 통해 살이 덧붙여진다. 원래 혼인 전례는 혼인 당사자들에게 묻는 질문으로 시작된다. 이들은 자유로운 의사와 의지로 혼인을 하려는 것인지 질문을 받게 된다. 이것은 혼인 전 당사자들이 진술서를 쓸 때나 사제와의 혼인 상담에서도 대답해야 했던 형식적인 질문 같아 보인다. 그래서 나는 혼인 준비를 위한 상담에서 신랑 신부에게 다음과 같은 것을 제안한다: 신랑 신부가 혼인식에 참석한 사람들에게 자신들이 공동으로

가야 할 길에 대해 무엇을 말하고 싶은지, 그들의 혼인
에 무엇이 중요한지, 그리고 그들이 왜 교회 예식에 따
라 혼인하고 싶어 하는지를 미리 숙고해 두라는 것이
다. 신랑 신부는 이런 문제들에 대해서 어떻게 말할 것
인지 서로 의견을 나누어야 한다. 이런 과정은 종종 서
로에게 도움이 된다. 대화를 나누다 보면 과연 그들의
깊은 내면에 무엇이 있는지, 혼인 예식으로 그들이 드
러내고 싶은 것이 무엇인지를 알게 된다. 그렇게 해서
그들은 둘이서 함께 가는 길이 그들에게 무엇을 의미하
는지를 참석한 사람들 앞에서 믿음으로 고백하게 된다.

예컨대 신랑은 신부를 알게 되어 기쁘다고 말할 수
있다. 그녀를 통해 자신의 새로운 면을 발견하였고 그
녀로 인해 사랑의 신비를 느끼게 되었다고 말할 수 있
다. 그렇게 그녀와 삶을 함께하고 싶으며 함께 걸어가
면서 나날이 사랑이 자라나고 더욱더 삶의 활력이 넘치
기를 희망한다고 말할 수 있다. 그리고 신부는 신랑과
함께 가는 길에 하느님의 축복이 필요하므로 교회에서
혼인을 하기로 했다고 말할 수 있다. 하느님의 축복을
받고서야 두려움 없이 이 길을 갈 수 있다고 생각하여
교회를 선택했다고 말할 수 있다. 또 그녀가 교회에서
중요한 경험을 하였고 교회는 그녀에게 힘의 원천이 되
었으며, 이 힘의 원천을 신랑과 나누어 가지고 싶다고
말할 수 있을 것이다. 또 그녀는 둥근 아치형으로 된

성가대석을 좋아하여 의식적으로 이 아치 아래서 함께 가는 길을 탄탄히 하고 싶으며, 그럼으로써 하느님의 축복의 아치가 항상 그들 위에 있어 갈등을 극복하고 사랑과 평화의 길을 함께 갈 수 있는 새로운 이정표가 되어 줄 것이라고 말할 수도 있으리라. 꼭 신학적 인사일 필요는 없다. 파트너에 대한 개인적인 말, 교회나 신앙 체험에 대한 말, 혹은 희망과 하느님 축복에 대한 신뢰의 말이면 충분하다. 원한다면 신랑 신부는 혼인 증인 두 사람을 교회 공동체에 소개하고 그들이 왜 그 두 사람을 선택했는지, 그들에게 무엇을 기대하는지를 말할 수도 있다. 두 증인은 그 혼인이 합법적으로 이루어졌음을 증언해야 할 뿐만 아니라 신랑 신부와 함께하는 여정에서 위기 상황이 올 때 신실하게 그들 편에 서 있어야 할 과제를 안고 있다.

●●● 혼인 반지 축복

신랑 신부에게 묻는 질문이 끝나면 사제는 혼인 반지를 축복한다. 둥근 반지는 오래된 상징으로 완전함을 의미한다. 반지는 인간의 불완전한 면을 완성시킨다. 원래 있던 자리로 돌아오는 원은 일치와 완전함의 상징이다. 원은 끝이 없기에 영원의 상징이기도 하다. 이렇게 혼인 반지에는 두 사람이 온전히 하나가 될 수 있음을 발견하고 그들의 사랑이 영원에까지 닿을 거라는 희망이 담겨 있다. 반지는 또 악한 힘에 대항하는 보호의 표지이기도 하다. 반지는 사랑의 위협으로부터 부부를 보호해야 한다. 반지는 결합과 신의의 상징이며 공동체 소속을 뜻하는 상징이기도 하다. 혼인 반지는 사제가 축복한다. 오늘날 대부분의 사람들은 이 반지에 어떤 깊은 상징성이 담겨 있는지를 잘 모르기 때문에 사제가 반지 축복 전이나 축복 중에 그 의미를 말해 주면 좋을 것이다. 예컨대 사제는 하느님의 사랑과 신의가 혼인 반지에 녹아 있다고 말해 줄 수 있다. 모름지기 반지는 새 신랑 신부가 영원히 결속되어 있고 사랑이 그들 안의 모든 불완전한 것을 온전히 완성시키며 그들 서로가 신의를 지킬 것이라는 표지가 되어야 한다고 말할 수 있다. 또 반지는 그들이 서로 맺어져 있고 그들의 사랑이 모든 위험에서 보호받으리라는 표지가 되어야 한다고도 말할 수 있다.

반지로 신랑 신부는 서로에게 속해 있음을 명시적으로 드러낸다. 반지는 그들이 함께 지니고 있는 증표이며 그들의 사랑을 증명하는 표지다.

●●● 혼인 반지 교환

반지 축복 후 신랑 신부는 이 반지를 서로 끼워 준다. 먼저 신랑이 신부의 반지를 손에 쥐면서 혼인 서약을 한다. "나 ○○○는 하느님 앞에서 당신을 내 아내로 맞아들여 즐거울 때나 괴로울 때나, 성할 때나 아플 때나, 죽음이 우리를 갈라놓을 때까지 일생 동안 당신을 사랑하고 존경하며 신의를 지키기로 약속합니다." 그다음에 "나의 사랑과 신의의 표지로 당신께 드리는 이 반지를 받아 주십시오. 성부와 성자와 성령의 이름으로 드립니다"라고 말하면서 신부의 손에 반지를 끼워 준다. 그런 후에 신부도 신랑의 반지를 들고 같은 방식으로 혼인 서약을 한 후 신랑에게 반지를 끼워 준다. 성삼위 하느님은 실로 사랑 그 자체이시므로 성부와 성자와 성령의 이름으로 이루어지는 반지 교환은 적절한 것이다. 성삼위 하느님이 사랑의 원을 상징하듯 반지는 신랑, 신부 그리고 하느님 사이에 서로서로 사랑이 흘러들기를 기원하는 표지가 되어야 한다. 영원히, 신적 사랑과 인간적 사랑이 서로 나누어짐 없이.

●●● "저를 당신께 맡깁니다"

사제는 이제 신랑 신부가 서로 오른손을 건네도록 청한다. "이제 서로 오른손을 건네십시오. 우리 주 하느님께서 두 분을 남자와 여자로 결합시켜 주셨습니다. 하느님은 신의를 지키시는 분이라 두 분 곁에 계시어 당신께서 시작하신 선한 일을 완성시킬 것입니다." 그다음에 사제는 서로 포개진 손에 영대를 두르고 말한다. "두 분이 맺으신 혼인 계약을 하느님과 교회의 이름으로 확인합니다. 하지만 이 신성한 계약의 증인은 바로 여기 계신 여러분이십니다. 하느님께서 맺어 주신 것을 사람이 갈라놓아서는 안 될 것입니다." 영대는 4세기부터 부제, 사제, 주교가 여러 방식으로 착용해 온 성무 집행의 표시다. 사제가 신랑 신부의 손에 영대를 두르는 것은 신랑 신부가 행하는 것을 교회의 이름으로 확인함을 뜻한다. 신랑 신부는 서로에게 손을 건네준다. 이것은 무엇보다 서로를 묶는 법적인 행위다. 다른 한편으로 손을 건넴은 개방성과 헌신, 용서를 의미한다. 한 사람이 상대에게 손을 내밀어 보호를 받음을, 한 사람이 상대를 지켜 줌을, 그들이 함께 길을 감을, 그들이 서로 하나가 됨을, 사랑이 신체를 통해 상대에게 흘러듦을 뜻한다. 이렇게 신랑 신부의 포개진 오른손 위에 사제가 두르는 영대는 전통적으로 성직 권한의 표시로, 또한 영원불멸의 표시로 이해되었다. 사제는 신랑 신부의 손에 영대를 두르면서, 지금 서로에게 흘러드는 사랑이 소멸되지 않고 죽음을 넘어서 영원에까지 닿을 것이라는 희망을 표시한다. 사제는 신랑 신부의 사랑을 하느님의 사라지지 않는 무한한 사랑으로 감싼다. 그러고는 자신의 손을 영대 위에 얹는다. 이것은 하느님께서 당신의 선하신 손으로 새 부부를 축복하시며 보호하고 지켜 줄 것이라는, 그들이 함께 하느님의 손에서 안전할 것이라는, 그리고 그들이 함께 손으로 받아들인 것을 하느님께서도 어루만져 축복하실 것이라는 표시다.

●●● 혼인 축복

이제 사제는 혼인을 축복한다. 이때 신랑 신부가 서로 손을 포개면 좋을 것이다. 이러한 몸짓으로 하느님의 사랑이 신랑 신부의 사랑으로 흘러드는 것을 체험할 수 있기 때문이다. 축복의 말씀이 머리와 가슴으로 들어올 뿐 아니라 치유하고 변화시키는 하느님의 힘이 그들의 온몸으로 흘러든다. 그리하여 하느님 사랑의 축복이 전 존재를 관통한다. 주례 사제는 통상적인 축복의 말을 하거나 이것을 노래로 부를 수 있다. 그 밖에도 다른 개인적인 말로 신랑 신부를 축복하고 미래의 길을 함께 가려는 새 부부에게 사제가 바라는 모든 것을 기도로 표현할 수 있다. 사제는 강론에서 말한 것이나 혹은 혼인 당사자들과 상담할 때 혼인이라는 공동의 집을 짓기 위한 재료로서 떠올렸던 것을 기도로 요약할 수 있다.

●●● 혼인초

혼인초를 축복하는 것도 하나의 아름다운 풍습이다. 혼인 상담을 할 때 사제는 혼인 당사자들에게 혼인성사에 필요한 혼인초를 준비하라고 제안하기도 한다. 혼인

초는 신랑 신부가 함께 손수 장식하는 경우도 많으나, 손재주가 있는 친구에게 자기들에게 잘 어울리는 상징으로 장식해 달라고 부탁하기도 한다. 또는 자기들이 중요하게 생각하는 상징이 그려진 혼인초를 사거나 혹은 양초 공방에 주문하기도 한다. 혼인 축복 후에 증인이나 혹은 혼인초를 만든 친구가 양초를 제단으로 가져오면 사제는 그것을 만든 사람이 그 상징으로 무엇을 표현하려 했는지 말하게 한다. 하지만 그 사람이 말하기를 원치 않으면 사제가 양초 위에 그려진 상징을 설명하기도 한다. 사제는 신랑 신부로부터 미리 들어 두었던 것을 기억하여 설명한다. 부부 사이에 갈등이 생기고 대화가 이루어지지 않으면 언제나 부부 중 한 사람이 혼인초에 불을 붙일 것이다. 이것은 배우자와의 화해의 표시다. 너무 상처받거나 화가 나서 아직은 갈등에 대해 말하고 싶지 않을지라도 그들 공동의 애정을 믿고 있으며 어둠 속에서 다시 불을 밝히고자 하는 원의를 드러내고 싶은 것이다.

이렇게 상징에 대한 설명이 끝나면 사제는 혼인초를 부활초에서 옮겨 붙인다. 그렇게 함으로써 혼인초는 죽음의 모든 어둠과 차가움을 극복한 부활의 빛의 힘을 나누어 가지게 된다. 사제는 타는 촛불에 축복을 한다. 축복의 말은 대략 이렇다: "자비롭고 좋으신 하느님, 이 혼인초를 축복하시어 당신 사랑의 불이 늘 새 부부에게 타오르고 있음을 드러내는 표지로 만들어 주소서. 신랑 신부의 사랑이 이 세상을 더욱 밝게 비추는 빛이 되게 하소서. 그들의 사랑이 차가운 이 세상을 따뜻이 데우게 하소서. 이 혼인초의 빛이 이 부부의 집을 밝혀 이 집을 찾아오는 손님이 고향을 느끼며 편안하게 머물 수 있게 하여 주시고 부드러운 사랑의 빛을 두루 비추도록 허락하여 주소서. 새 부부로 하여금 늘 이 촛불 가까이에 머물게 하소서. 그리하여 당신의 사랑이 새 부부의 사랑을 위협하는 모든 것을 태워 버림을, 그들의 사랑이 식어 갈 때 그 사랑을 데워 주심을, 또 암울한 두려움이 밀려와 몰래 에워싸면 그 사랑을 밝혀 주심을 그들에게 보여 주소서. 새 부부와 함께하여 주시고 이들의 집에 찾아와 이들의 사랑 옆에서 자신을 데우려는 사람들에게 희망을 주게 하소서. 이 촛불이 있음으로 하여 새 부부의 집이 고독한 사람들에게 고향이 되게 하여 주소서. 이들의 사랑이 외로운 사람들을 비추어 차가운 가슴을 녹여 주는 빛이 되게 하소서.”

●●●● 축복기도

혼인 축복 후에는 참석한 모든 이가 혼인식에서의 사랑의 신비를 느껴 보도록 잠시 정숙을 유지하는 것이 좋다. 혹은 친구 중에 음악가가 있다면 소망을 담아 노래를 부르거나 가벼운 곡을 연주해 주는 것도 좋으리

라. 그렇게 함으로써 모든 하객이 침묵 속에 한마음이 되어 그들의 애정과 청원을 멜로디에 실어 보낼 수 있을 것이다. 이런 의식으로 축복기도를 준비한다. 축복기도야말로 친구와 친지들이 활발하게 혼인 예식에 참여할 수 있는 것으로, 방식은 얼마든지 다양해도 좋다. 때때로 혼인미사 전에 신랑 신부는 몇몇 친구들에게 축복기도를 생각해 두었다가 예식 때 해 달라고 부탁하기도 한다. 원한다면 친구들이 축복기도를 시각적으로 보여 주는 상징물을 가져올 수도 있다. 사제는 이미 친구들이 여러 가지 창의적인 상징물을 많이 만들어 오는 것을 보아서 알고 있다. 신랑 신부의 친구는 상징물을 제단으로 들고 나와 그것을 보며 무슨 생각을 했는지 설명하면서 그 상징을 소망과 연결시켜 기도한다. 그러면 공동체는 후렴으로, 가령 "주님, 저희의 기도를 들어주소서"라고 말하면서 그 친구의 소망에 응답할 수 있다. 다른 방법으로는, 하객들이 차례로 작은 초를 혼인초에 옮겨 붙이며, "저는 이 초에 불을 붙이며 신랑 신부가 ○○하기를 소망합니다"라는 축복의 기도를 하게 하는 것도 좋다. 혹은 "저는 새 부부가 걸어가는 길에 함께하는 모든 이를 위해 이 초에 불을 붙입니다"라고 기도할 수도 있다.

초에 불을 붙이는 행위는 기도의 아름다운 상징의 하나다. 촛불이 타는 동안 기도는 하늘로 올라간다. 기도

하는 사람들이 각자의 초를 제대에 놓아두면 미사 내내 그 초는 타오른다. 이것은 신랑 신부가 더 환하고 따뜻해지도록 공동체가 기도로 감싸고 있음을 시각적으로 표현한다.

b) 말씀 전례와 성찬 전례

이것으로 혼인 예식은 끝난다. 이 혼인 예식은 성찬 전례나 말씀 전례 속에 포함시킬 수 있다. 어떤 형태의 예식이 적합한지는 혼인 당사자가 가톨릭 신자인가 아닌가에 따라서, 또 참석한 하객들에 따라서 결정된다. 성찬 전례는 음식이라는 특성을 통해 혼인 전례를 보충하고 심화시킬 수 있는 여러 표지를 자연스럽게 제공한다. 우선 이렇게 성찬 전례에서의 혼인을 설명했거니와, 이제 말씀 전례에서의 혼인을 설명하려 한다. 미사는 주례 사제와 복사들 그리고 신랑 신부의 장엄한 입장으로 시작된다. 인사 후에 참회 예절이 있다. 함께하는 인생 여정은 용서로 살아갈 때만 가능하다. 그 후에 독서가 봉독되고 복음이 선포된다.

●●● 독서

혼인 상담을 할 때 혼인 당사자들에게 독서 때 어떤 성경 구절을 원하는지 물어보는 것은 의미가 있다. 대부분의 신랑 신부들은 여기에 대해 이미 확실한 생각을 가지고 있다. 지금까지의 삶에서 중요한 역할을 했던 성경 구절이나 혹은 아주 특별히 공유하고 있는 체험에 대해 응답해 주는 성경 구절을 염두에 두고 있을 것이다. 많이 봉독되는 성경 구절은 창세기 1장 26-28절과 31절(하느님께서 사람을 남자와 여자로 창조하셨다), 창세기 2장 18-24절(남자와 여자의 내적인 결합), 토빗기 8장 4-8절(공유하는 사랑의 본질), 룻기 1장 15-17절(함께 길을 가기), 혹은 아가 2장 10-12절; 4장 9-15절; 8장 6-7절이다. 그 밖에 구약에서 집회서 26장 13-16절(행복한 혼인의 조건), 예레미야서 31장 31-34절(새 계약) 같은 성경 구절이 봉독될 수 있다. 신약에서는 다음과 같은 구절을 택할 수 있다: 로마서 8장 31-35.37-39절(하느님의 조건 없는 사랑), 로마서 12장 1-2.9-18절(정직한 사랑), 코린토 전서 6장 13-15.17-20절(품위 있는 몸). 아마도 가장 잘 알려진 성경 구절은 코린토 전서 13장에 나오는 바오로 사도의 사랑의 송가일 것이다. 또 어떤 사람들은 콜로새서 3장 12절에서 17절까지의 말씀이나 혹은 요한 1서 3장 18절에서 24절까지의 말씀을 더 좋아한다.

결혼을 하기까지 이런저런 갈등을 겪은 신랑 신부에게는 노아의 방주 이야기가 희망의 표지가 되기도 한다. 하느님께서 필요할 때면 언제든 그들에게 신선한 올리브 가지를 입에 문 평화의 비둘기를 보내 주리라는

희망의 표지 말이다. 그래서 올리브 가지는 혼인 예식
에 참석한 모든 사람과 나누는 상징이 되기도 한다.

●●● 복음

복음은 전례에 따라 달라진다: 마태오 복음 5장 1-12
절(참행복), 19장 3-6절, 2장 1-12절, 혹은 요한 복음 15
장 9-17절, 17장 6.20-26절. 분별 있는 신랑 신부들은
마태오 복음 7장 24절에서 27절까지에 나오는 말씀,
반석 위에 지은 집의 이미지를 좋아한다. 그들은 그들
공동의 집을 반석 위에 짓고 싶어 한다. 모래처럼 부서
질 어떤 환상을 좇아가려 하지 않고 그들의 집을 지을
탄탄한 토대를 찾고자 한다. 또 다른 사람들은 복음으
로 치유 이야기를 선택한다. 예컨대 바르고 조화로운
삶을 살아갈 수 있도록 배우자를 격려하고 싶을 때의
모범으로 루카 복음 13장 10절에서 17장까지의 말씀을
택하기도 한다.

함께함에 대한 또 다른 이미지로서 마르코 복음 1장
40절에서 45절에 나오는 나병 환자 치유 이야기를 들
수 있다. 한 사람이 다른 이를 조건 없이, 도저히 수용
할 수 없는 모든 것과 함께 받아들이려 한다. 함께하는
사랑은 배우자의 나병을 낮게 한다. 사랑의 빛 안에선
누구나 온전히 수락되어 정결함을 느껴도 좋으리라. 마
르코 복음 7장 31절에서 37절에 나오는 귀먹고 말 더듬

는 이의 치유도 결혼 생활에서 일어남 직한 일을 그럴 듯한 이미지로 묘사하고 있다. 부부 중 누군가 배우자로 하여금 제대로 들을 수 있게, 말로 다 표현하지 못하는 것까지도 들을 수 있게, 배우자가 자신의 모든 표현에 담긴 갈망을 알아차리고, 싸울 때조차 언급되는 관계에 대한 소망을 알아차릴 수 있게 해야 함을 이미지로 묘사하고 있다. 또 부부 중 한 사람은 배우자가 말을 잘함으로써 관계가 정립되고 자신의 진실이 전달되며 사랑을 표현할 수 있도록 해야 한다.

독서와 복음의 선택은 신랑 신부가 그들이 함께 갈 길을 어떻게 이해하는지, 성경의 어떤 말씀이 지침이 될 수 있는지를 더욱 분명히 알게 되는 좋은 기회다. 따라서 주례 사제는 혼자서 성경 구절을 골라서는 안 되며 신랑 신부가 스스로 찾을 수 있게 해야 한다. 물론 사제는 혼인 당사자들을 도와주어야 하는데, 이들이 성경을 잘 모를 때는 더욱 그러하다.

●●● 혼인 강론

복음을 선포한 후에 사제는 이 복음 구절을 해석한다. 개인적인 말은 혼인 예식 전에 사제가 신랑 신부와 상담을 해서 그들 삶의 원칙과 혼인에 대한 기대를 알아야만 할 수 있다. 강론에서 중요한 것은 혼인에 관한 일반적인 원칙들을 선포하는 것이 아니라, 특별히 그 신랑 신부에게 해당하는 말을 해 줌으로써 참석한 하객들도 공감할 수 있게 해야 한다. 혼인 전례 예식에선 두 가지가 다 필요한데, 이미 확고하게 존재하는 전례 예식과 신랑 신부의 구체적인 상황에 적용되는 말씀의 사적인 요소가 그것이다. 혼인 강론을 할 때 사람들은 그것이 형식적인 강론인지 아니면 주례 사제가 혼인을 신랑 신부의 일회적인 삶의 역사로 인식하고 그들이 갈망하는 것이 무엇인지를 알고 하는 강론인지를 알 수 있다.

●●● 예물 준비

강론 후에, 앞에서 설명한 혼인 예식이 진행된다. 그 후에 예물을 준비하며 성찬 전례가 이어진다. 신랑 신부가 성찬 전례에 적극적으로 참여하기를 원하면 사제는 그들이 빵과 포도주 예물을 제대祭臺로 가져오게 한다. 원한다면 신부가 직접 구운 빵을 준비해도 좋다. 신랑은 포도주를 가져와서 성작에 따른다. 이것은 신랑 신부가 빵과 포도주로 표현되는 그들의 사랑을 둘이 함께 가져온다는 아름다운 표시다. 그들이 봉헌하는 빵과 포도주는 성령의 힘으로 그리스도의 몸과 피로 변화되어 참석한 모든 이에게 나눠진다. 하느님의 사랑이 신랑 신부의 사랑을 관통하여 예물을 변화시키는 것도 혼인 예식에서는 중요하다. 그런 연후에야 축제에 참석한

모든 사람의 사랑도 다시 흐르도록 그들이 신성한 사랑
의 샘물을 마시는 것이 허락된다.

●●● 영성체

이어서 감사송과 성변화聖變化를 포함하는 성찬기도
와 함께 성찬 전례가 거행된다. 성찬기도 후에는 모두
함께 주님의 기도를 한다. 때에 따라 사제는 모두가 서
로 손을 잡고 큰 원이나 사슬 모양을 만들게 한다. 그
렇게 함으로써 주님의 기도 안에서 사랑의 영靈이 우리
모두를 차례로 관통하여 흐르면서 서로를 결합시킬 것
이다. 평화의 기도 후에 사제는 신랑 신부에게 평화의
인사를 하고 이들이 참석한 모든 친구·친지와 평화의
인사를 나누게 한다. 그런 다음 영성체를 하게 되는데
이것이야말로 성찬 전례의 절정이다. 사제는 먼저 신랑
신부에게 양형 성체를 주고 그들과 잠시 대화를 나눈
다. 이어서 빵과 포도주의 형상 안에서 하느님의 사랑
을 먹고 마시도록 모두를 영성체로 초대한다. 신랑 신
부가 잘 준비했다면 모든 하객에게 그리스도의 피가 담
긴 성작이 돌아올 것이다. 새 부부는 그들 사랑의 표시
로 빵과 포도주를 준비했다. 이제 이 사랑은 변모되었
다. 이 변화된 사랑이 모든 이에게 닿는다. 모두가 이
것을 마실 수 있다. 모두가 하느님 사랑으로 충만해진
다. 이렇게 하여 어떤 외형적인 예식이 만들어 낼 수

있는 공동체보다 더 깊은 하나의 공동체가 형성된다. 성찬 전례는 마침기도와 축복으로 끝난다. 이어서 주례 사제와 신랑 신부는 하객들과 함께 퇴장하여 밖으로 나온다. 성당 밖으로 나오면 사람들은 새 부부에게 축하 인사를 할 기회를 가진다.

혼인 예식이 말씀 전례 안에서 이루어질 경우 첫 부분은 성찬 전례에서 이루어지는 것과 흡사하다. 다만 예물 준비 대신 공동으로 주님의 기도를 하고 평화의 인사를 한 후, 마침기도와 축복으로 끝맺는 것이 다르다. 전례의 이 부분 역시 눈에 띄는 표지가 되기 위해서는 평화의 인사를 좀 더 그럴듯한 예식으로 해야 할 것이다. 신랑 신부는 참석한 사람들 한 명 한 명에게 다가가 평화의 인사를 할 수 있다. 혹은 하객들에게 각각 상징물을, 예컨대 올리브 가지나 또는 다른 작은 표지를 건넬 수도 있다. 신랑 신부 혹은 사제가 이 상징물에 대해 설명해 주면 좋을 것이다. 그렇게 하면 하객들은 혼인 예식을 기억하는 기념물로 간직하게 된다.

신랑 신부는 교회 전례에 따라 혼인 예식이 이루어지도록 시간을 충분히 마련하는 것이 중요하다. 피로연이 순조롭게 진행되도록 가급적 혼인 예식을 짧게 해야 한다면 진정한 축제는 이루어질 수가 없다. 때때로 교회 전례와는 상관없이 순전히 자기들의 뜻대로 하려는 신랑 신부들도 있다. 이러한 신랑 신부의 뜻을 진지하게 받아들여 이들의 소망을 웃음거리로 만들지 않으면서도 예식이 가벼워지지 않도록 배려해야 하는 것이 사제에게 그리 간단한 일이 아니라는 것은 분명하다. 사제가 이용당하고 있다는 느낌만을 가지게 되면 사제에게나 공동체에나 좋지 않다. 융통성과 단호함을 적절히 조율하는 것은 종종 진땀 나는 일이다. 신랑 신부가 예식을 위한 음악으로 혼인 예식과 전혀 상관 없는 세속적인 유행가를 원할 때 그들을 적절하게 설득하여 거절하는 것은 쉽지 않은 일이다. 그러나 혼인 상담이 불쾌한 만남으로 끝나지 않으려면 혼인 당사자에게 이 노래가 무엇을 의미하는지, 혹은 이 의식이 그들에게 어떤 의미가 있는지를 한 번쯤 미리 물어보는 것도 좋다. 그렇게 하면 이 노래가 피로연 같은 데서 부르기에 차라리 더 어울릴 만한 것인지도 미리 함께 생각해 볼 수 있다. 사제는 어떠한 경우에도 예식을 혼자 주관해서는 안 된다. 혼인 전례 예식의 특성에 어긋나지 않으면서도 모두에게 합당한 공동 예식이 되어야 한다. 이것은 혼인 상담을 하고 준비할 때만 가능하다. 이때 사제는 진지할 필요가 있지만 혼인 당사자들이 원하는 것들도 소홀히 해서는 안 된다.

III 결혼 생활의 예술

혼인 예식에 관해 아주 피상적인 기억만을 가지고 있
는 부부들이 꽤 있다. 이들이 혼인성사의 힘으로 일상
을 유지한다는 것은 비현실적으로 들릴지도 모르겠다.
그런가 하면 어떤 부부들은 혼인 예식을 카세트에 녹음
해서 그 내용과 노래, 특히 사제의 혼인 강론을 이따금
씩 다시 귀 기울어 듣곤 한다. 그렇게 하면 혼인 예식
이 그들의 일상 안으로 들어와 영향을 미치게 된다. 이
장(章)에서는 어떤 결혼이 과연 누구나 인정할 만한 성공
적인 결혼인지, 적절한 의사소통의 형태는 어떻게 습득
될 수 있는지, 부부가 어떻게 갈등과 대면해야 할지를
체계적으로 서술하는 것에 초점을 두고 있지 않다. 이

런 것은 결혼 상담자가 확실히 나보다 더 잘 알 것이고 혼인에 관한 심리적·영적 입문서들도 이미 충분히 나와 있다. 나는 혼인 때 봉독되는 몇몇 성경 구절을 골라 이것을 부부가 함께 걸어가야 할 혼인의 여정과 관련하여 풀이하려고 한다. 여기서 부부들이 다소간의 자극을 받을 수 있기를 희망한다.

a) 반석 위에 집을 짓다(마태 7,24-27)

예수님은 산상 설교를 다음과 같은 말씀으로 끝맺는다. "그러므로 나의 이 말을 듣고 실행하는 이는 모두 자기 집을 반석 위에 지은 슬기로운 사람과 같을 것이다"(마태 7,24). 예수님의 이 말씀이야말로 결혼의 집을 지을 수 있는 탄탄한 토대다. 그러나 예수님 말씀에 대해 이렇게 빗대어 얘기하는 것은 너무 추상적으로 들릴 수 있다. 나는 함께하는 인생 여정에 중요한 토대가 될 수 있는 말씀 한마디를 예수님의 산상 설교에서 인용하고 싶다. "남을 심판하지 마라. 그래야 너희도 심판받지 않는다. 너희가 심판하는 그대로 너희도 심판받고, 너희가 되질하는 바로 그 되로 너희도 받을 것이다"(마태 7,1-2). 상대적인 사랑에 도사리고 있는 끊임없는 위험은 항상 가치를 판단한다는 것이다. 상대가 기분이 좋지 않으면 나는 바로 그의 사랑이 부족해서 그럴 거라고 판단한다. 그가 내 기분을 망치고 있다고 비난한다. "기쁜 마음으로 저녁을 기다렸어요. 근데 당신 지금, 어떻게 그런 얼굴을 하고 있어요!" 그런 식으로 나는 상대를 판단해 버린다. 나는 그를 판단하고야 마는 기준을 정한다. 나는 그를 있는 그대로 내버려 두지 않는다. 그가 컨디션이 안 좋은 것을 한 번도 허락하질 못한다. 나의 이런 판단은 반려자로 하여금 자기 가치가 절하되는 것을 느끼게 하고, 반려자 스스로 상대에게 결코 잘할 수 없을 것이라는 느낌이 들게 만든다. 이런 판단과 비난은 자기 합리화를 불러오거나 혹은 반대로 반려자가 나 자신을 비난하도록 만든다. 나는 언제나 내가 왜 그런지 설명해야 하는 자기 합리화의 강박에 시달리거나 혹은 내 반려자를 공격하고 그의 태도를 판단하면서 나 자신을 변호하려 한다. 올바른 남편이라면 아내가 어떤 욕구를 가지고 있는지 감지해야 하고, 올바른 아내라면 남편이 편안하게 지내도록 배려하는 것이 당연하다. 이렇게 혼자서 가치 판단을 하고 서로를 비난하는 것은 우리 자신을 서로 가두고 아래로 끌어내리는 것이 된다. 이런 판단과 비난은 자신이 당당하지 못하고 배우자로서 자격이 없으며, 이렇게 대단한 사람의 혼인 상대가 될 수 없다는 느낌을 서로에게 주기 때문이다.

우리가 결혼의 집을 지을 수 있는 바위는 실재實在에 대한 정직한 판단이다. 우리는 색안경을 끼고 반려자를 판단하거나 우리 자신을 합리화해서는 안 된다. 우리는 자주 반려자를 있는 그대로 보지 않고 우리가 보고 싶은 대로 본다. 또 우리는 우리 자신조차 비현실적으로 바라본다. 우리가 우리 자신의 이상理想을 따르고 있지 못하다는 것을 전혀 깨닫지 못한다. 우리의 강점뿐 아니라 약점도 토대가 된다. 우리는 그것들을 의식적으로 바라보아야 한다. 그런 다음에야 약점은 공동의 집을 감당할 수 있는 견고한 바위가 된다. 우리가 현실을 가감 없이 판단하기 위해서는 우리의 잣대에 대한 건강한 직감도 필요하다. 우리는 함께 가는 인생 여로에서 무절제한 요구로 서로에게 부담을 줘서는 안 된다. 신심이 깊은 사람은 종교적 이상으로 인해 배우자에게 너무 지나친 요구를 하기 때문에 함정에 빠지기도 한다. 신실한 사람은 자기가 바라는 대로 배우자가 그 요구를 들어줄 수 없다는 것을 전혀 깨닫지 못한다. 너무 높은 이상은 부서지기 쉬운 토대다. 집을 받쳐줄 토대가 없다. 집은 허공에 있고 작은 폭풍우만 밀려와도 무너져 버린다.

오늘날에는 높은 종교적 이상으로 인해 무너질 위험은 거의 없다. 슈투트가르트의 결혼 상담가 한스 옐로

우쉑은 오늘날 새로운 낭만적 표상들이 현실을 바라보는 부부들의 시선을 차단하고 있다고 말한다. 이렇게 새롭게 등장한 낭만적 표상에 이끌리는 사람은 환상 위에 집을 짓는다. 그런 환상 중의 하나는, 결혼이 자기를 늘 행복하게 해 줄 것이라는 환상이다. 그 때문에 결혼 생활의 부담을 견디지 못하는 것도 놀랄 일이 아니다. 옐로우쉑은 적잖은 사람들이 결혼을 '서로를 행복하게 해 주는 일'로 오해하고 있다고 역설적으로 말한다. 그러나 혼인은 행복을 위한 일이 아니라 사람이 한 생애를 다해 연습하며 걸어가야 할 길이다. 함께하는 것을 거듭 연습하며 배울 준비가 되어 있다면 이 길에서 두루 행복을 경험할 수도 있다. 행복은 꽉 잡을 수 있는 것이 아니지만 누군가를 계속 걸어가게 만드는 행복한 순간들은 늘 다시 찾아온다(H. Jellouschek, *Männer und Frauen auf dem Weg zu neuen Beziehungsformen*, in: *Der Umbruch im Mann*, hrsg. v. P.M. Pflüger, Olten 1989, 176). 또 다른 환상은 우리 결혼 생활에서 반려자가 늘 곁에 있어야 한다는 것이다. 함께하는 여정은 가까이 있음과 떨어져 있음이 적절히 조화를 이룰 때만 성공한다. 문제는 부부끼리 가까이 있고 싶을 때와 떨어져 있고 싶을 때가 종종 서로 다르다는 데 있다. 부부 중 누군가 가까이 있고 싶어 할 때 상대방은 좀 떨어져 있고 싶어 한다. 이러한 긴장을 함께 살피고 극복할 수 있는 길을 발견하는 것,

이것이야말로 부부가 함께 배워야 할 예술이다. 또 하나의 로맨틱한 환상은, 사람은 늘 사랑을 느끼며 이 사랑은 언제나 농밀한 체험이어야 한다는 것이다. 그러나 감정은 늘 변한다. 사랑이 오직 배우자에 대한 신의와 신뢰 속에서만 표현될 수 있는 시기도 있다.

●●● 사랑은 상처를 입힌다

　요한네스 크리소스토무스는 바위 위에 지은 집의 이미지를 좀 다르게 해석하였다. 이것은 그가 스토아 철학에서 가져온, "너 자신 외에는 아무도 너에게 상처를 입힐 수 없다"라는 명제를 증명한다. 당신이 바위 위에 집을 지으면 비가 내려 강물이 밀려오고 바람이 휘몰아칠 수 있다. 하지만 이것들이 그 집을 손상시킬 수는 없다. 크리소스토무스는 "사람들이 당신에게 상처를 입히는 것이 아니라 단지 '도그마'dogmata가, 즉 당신이 사람들로부터 만들어 낸 표상이 당신에게 상처를 입힌다"고 말한다. 수많은 결혼이 끊임없이 서로 상처만 남기고 깨어진다. 계속된 싸움으로 관계가 무너져 혼인 상담을 하러 오는 부부들은 흔히 말 그대로 상처투성이다. 그들은 오직 아픈 상처만을 느낀다. 사랑은 상처를 입힌다. 서로 사랑하는 사람은 상처로부터 결코 벗어날 수 없다. 그러나 상처를 어떻게 바라보느냐에 따라 사정은 달라진다. 진정한 사랑으로 반려자에게 다가가는 사람은 자신이 상처받았다는 것을 느낄 때면 자신의 어두운 면과 민감한 곳을 인식한다. 이러한 인식은 그를 계속해서 자기 인식의 길로 데려가고 이러한 자기 인식은 서로에 대한 사랑을 심화시킬 수 있다. 반려자를 비난하지 않으면서도 자기 상처를 인정하고 그 상처를 나누는 사람은 자신과 반려자를 더 잘 이해하게 된다. 이렇게 그들은 서로 다시 가까워진다. 상처는 부부의 마음을 차례로 열어 준다.

그러나 배우자가 어쩔 수 없이 받게 되는 상처들이 있다. 내가 나의 무의식적인 상처들을 배우자에게 떠넘기려고 할 때면 늘 이런 일이 일어난다. 이때 나는 자신을 바로 보질 못한다. 내가 옳다는 환상 속에 있기 때문이다. 배우자는 나로부터 반복해서 상처를 입으면 자기가 나에 대해 허상을 가지고 있지는 않은지 자문하게 될 것이다. 아마도 상대는 내게 하나의 전형적인 이미지, 말하자면 치유자·해방자·구원자 같은 이미지를 씌워 놓았을 것이다. 그리고 이런 이미지를 씌워 놓은 나에게 배우자가 무의식중에 치유를 기대한다면 나는 원하지도 않으면서 그에게 계속 상처를 줄 수밖에 없다. 치유와 구원에 대한 그의 무의식적인 기대를 내가 충족시켜 줄 수 없기 때문에 그는 언제나 상처받고 있다고 느끼게 되는 것이다. 그렇게 되면 내가 그에게 상처를 입히는 것이 아니라 그는 자신이 만들어 놓은 허상dogmata으로부터 상처를 입는다. 또 여자는 남편을 있는 그대로 바라보질 않고 그녀 자신을 진지하게 받아들이지 않았던 친정 아버지를 투사投射시킨다. 이렇게 그녀는 남편이 하는 모든 말을 그가 그녀 자신을 진지하게 받아들이지 않은 탓으로 이해해 버린다. 가령 남편이 농담을 하면 그가 아내를 진지하게 받아들이지 않는다고 느낀다. 한편 남편도 있는 그대로의 아내를 바라보는 것이 아니라 그녀에게 자기 어머니를 투사시킨다. 그러고는 아내에게서 늘 어머니를 기대하기 때문에 아내한테 실망할 수밖에 없다. 아내가 그에게 상처를 주는 것이 아니라 그 자신이 만들어 놓은 아내의 이미지가 상처를 주는 것이다. 배우자를 실제 있는 그대로 바라보고 우리가 무의식적으로 씌워 놓은 이미지로부터, 그리고 그의 본디 모습을 볼 수 없도록 우리 시선을 차단하는 이미지로부터 배우자를 해방시키는 일이야말로 혼인의 중요한 과제다.

부부는 자신과 배우자의 실재를 늘 새로이 함께 바라보고 그것을 있는 그대로 받아들일 준비가 되어 있을 때만 튼튼한 토대 위에 그들 공동의 집을 짓게 된다. 이 실재란 예컨대 이들의 길이 폭풍우와 홍수 한가운데를 뚫고 지나가는 것이다. 우리는 함께 가는 길에서 폭풍우와 같은 격렬함을 만난다. 우리의 가슴을 후벼 파는 기분, 감정, 격렬한 대립과 다툼 그리고 갈등을 만난다. 또 우리는 무의식 속에 있는 것들이 호시탐탐 어떻게 우리를 덮치려고 하는지를 체험할 것이다. 그럴 때 무의식 속에 있는 욕구와 기대를 끄집어내어 함께 바라보는 것이 중요하다. 그렇게 하면 부부는 집을 떠내려 보내지 않을 것이다. 이런 혼인은 바위 위의 집이 된다. 범람하는 물에 가라앉을지도 모르는 사람들까지 피신하려고 하는, 파도가 철썩거리는 바위 안벽의 집이 된다. 다른 이들도 자기 집에 있듯 편안하게 느끼고 고향을 체험하는 집이 되는 것이다.

b) 노아의 홍수 후 평화의 표지(창세 8,1-12)

대홍수와 노아의 방주 이야기는 부부가 갈등을 어떻게 다룰 수 있는지에 대한 한 가지 좋은 방법을 제시한다. 어떤 결혼 생활이든 무의식적인 것들이 많이 나타난다. 부부 각자 자신을 움직이고 있는 것이 무엇인지, 어디에서 자신이 상처받고 있음을 느끼는지를 말로 표현하지 않으면, 혹은 각자가 다른 의견과 갈등을 내세우지 않고 모든 것이 그리 나쁘지 않기를 바라면서 늘 속으로만 삼켜 버리면 무의식적인 것들은 그들 안에서 더욱 늘어 간다. 그렇게 되면 살짝 건드리기만 해도 무의식적인 것들이 부부가 함께하는 삶의 모든 풍경을 덮쳐서 휩쓸어 간다. 그들이 홍수를 막으려고 쌓았던 둑은 허물어지고 이렇게 떠내려 가면 그들은 아무것도 붙잡지 못한다. 부부는 감정의 늪에 달라붙어 있다. 그들이 허우적거릴수록 늪 속으로 더욱 깊이 빠져 들어갈 뿐이다. 서로에 대한 비난은 그들을 돕기는커녕 새로운 홍수만을 불러올 것이다. 그리고 이 홍수는 점점 더 위험해진다.

● ● ● 내면의 보호실

노아의 방주 이야기는 이런 대홍수로부터 빠져나오는 길을 우리에게 제시한다. 우선 부부에겐 홍수를 피하여 들어갈 수 있는 방주가 필요하다. 방주는 배우자의 무의식적인 것들에 함께 마음을 다치지 않도록 각자에게 필요한 내면의 보호 공간일 수 있다. 부부 각자 온전히 자기 안에 머무를 수 있는 고요한 내면 공간이 필요하다. 이곳은 하느님 친히 그 안에 거주하시는 공간이다. 이곳은 배우자로부터 상처받지 않는 곳이며 배우자의 내면을 휘젓고 다니는 무의식적 요소들이 침범할 수 없는 곳이다. 영혼의 심연으로부터 떠올라 온 무의식적인 것들이 한 사람을 둘러싸고 있는 모든 것을 덮쳐 버리면 침묵의 내면 공간으로 물러나야 한다. 그곳에서 나는 나 자신을 내밀히 만날 수 있으며 또 내 안에 거하시는 하느님을 발견하게 될 것이다. 그러면 나는 서서히 하느님 안에서 나를 둘러싸고 일어나고 있는 일을 바라보며 급습당하지 않고 그것을 판단할 수 있게 될 것이다. 방주는 또한 부부가 외부와의 다툼에서 함께 물러나서 들어가는 보호실일 수도 있다. 두 사람 모두 일상의 홍수에 침몰되지 않도록 서로를 위한 시간은 계속해서 필요한 법이다.

●●● 투명한 구조

방주는 혼인의 위기 상황을 극복하는 데 꼭 필요한 구조를 가지고 있다. 노아는 아내와 세 아들과 며느리들 그리고 수컷과 암컷 두 마리씩 모든 종류의 짐승들을 방주 안으로 들였다. 이렇게 방주는 대홍수의 혼란 한가운데서 투명한 질서를 보여 주고 있다. 관계가 위기에 처해 안전한 발판을 더 이상 가지지 못하게 될 때 외부 구조가 버팀목이 되는 것은 중요하다. 물이 빠질 때까지 부부는 방주에서 기다려야 한다. 그들은 방주의 창문을 열어 물이 말랐는지 볼 수 있을 때까지 스스로 선택한 투명한 구조 안에서 계속 일상을 유지한다. 처음으로 방주는 아라랏 산 위에 내려앉는다. 방주는 다시 굳은 지반을 가지게 된 것이다. 그러면 첫 산봉우리들이 보이게 된다. 결혼 생활이 감당하고 있는 것이 다시 시야에 들어온다. 무의식이라는 홍수에 모든 것이 떠내려 가지는 않았다. 그러나 노아는 물이 계속해서 빠져나갈 때까지 사십 일을 더 기다려야 한다. 그런 다음에야 그는 까마귀를 내보낸다. 까마귀는 이성理性을 상징한다. 먼저 이성이 다시 돌아와 어디에 굳은 땅이 있는지 탐색해야 한다. 이성은 본디 무슨 일이 일어났는지를 명확히 파악해야 한다. 이성은 일어난 일을 판단해서는 안 되며 우선은 그 일을 이해해야 한다. 그때 내 안에서 무엇이 일어났으며 내면의 홍수를 일으킨 단초가 무엇이었는지를 이해하게 되면 그것만으로도 큰 도움이 된다. 부부가 계속해서 서로 비난만 하면 서로의 상처 때문에 감정만 더 격해지고 해결은 불가능해진다. 판단하지 않고 무엇이 일어났는지를 두루 바라보고 분석하는 이성이 필요하다.

●●● 사랑의 비둘기

노아는 까마귀 다음에 비둘기를 날려 보낸다. 비둘기는 사랑을 상징한다. 그리스의 사랑의 여신 아프로디테의 비둘기는 신성하기까지 하다. 근동近東에서 비둘기는 다산의 여신 이슈타르와 연관이 있다. 이성이 돌아오면 부부는 틀림없이 다시 사랑을 나눌 것이다. 격앙된 감정의 홍수 속에선 사랑을 느끼려야 느낄 수가 없다. 그러나 물이 빠지고 나면 그 난리를 치르고도 아직 배우자에게 얼마나 많은 사랑이 남아 있는지를, 그 사랑으로 무엇을 할 수 있는지를 다시 시험해 볼 수 있다. 처음 날아간 비둘기는 발붙일 곳을 찾지 못해서 방주로 되돌아온다. 부부 중 한 사람은 자기 사랑을 내보낸다. 그러나 이 사랑이 다른 이에게 내려앉을 수 없으면 다시 그 사랑을 방주에 있는 자신한테로 불러들여야 한다. 그래야 그 사랑이 푹 쉬고 견고해질 수 있다. 노아는 이레를 더 기다리다가 다시 두 번째로 비둘기를 날려 보낸다. 칠七은 변화의 숫자다. 신적인 것이 인간적인 것과 결합할 때 변화가 일어난다. 우리는 갈등 속에서 의식하지 못함으로써 일어나는 우리 안의 홍수를 열매를 가져오는 샘으로, 또 우리 안의 구원받지 못한 것과 미완성의 것들을 하느님께서 변화시켜 주실 것이라고 믿고 의지한다.

●●● 화해의 올리브 잎

저녁때가 되어 비둘기가 돌아오는데 "싱싱한 올리브 잎을 부리에 물고 있었다"(창세 8,11). 올리브 잎은 강인한 정신력과 빛을 상징한다. 기름 램프에서 기름이 타면서 인간을 비추고 있기 때문이다. 기름은 순화시키는 정화의 이미지를 가지고 있다. 저항력 있는 올리브나무 잎은 결실과 생활력의 상징이기도 하다. 또한 올리브 기름이 진정鎭靜 작용을 하기 때문에 올리브 잎은 평화와 화해를 뜻하기도 한다. 올리브 잎의 상징성은 위기가 마지막에 어떻게 변화되는지를 보여 준다. 내 사랑을 다시 배우자에게 흘려보내면 상처 입은 감정의 어둠에 빛이 스며든다. 내 안의 분노와 질투를 너무 오래 놓아두면 내 안의 모든 것이 어두워져 더 이상 환히 보지 못한다. 배우자의 사랑은 나의 내면의 어둠을 밝혀 주며 맑고 순수하게 정화시킨다. 갈등이 생기면 내 안에 부정적인 감정이 일어난다. 이때 나는 배우자를 보며 증오심을 느낀다. 나는 그에게 계속 상처를 주려 한다. 하지만 배우자에게 그렇게 하는 동안 나 자신에게 상처를 입히게 되는 것이다. 배우자의 사랑이 비둘기처럼 나에게 날아오면 그 사랑은 나의 때묻은 마음을 다시 깨끗이 씻어 준다.

그러나 그 사랑은 그저 예전의 상태만 다시 회복시키는 것이 아니다. 위기가 찾아와 내면의 더러움이 표면 위로 올라오면 그 사랑은 나의 내면 깊숙한 곳을 정화시키기도 한다. 갈등이 생길 때마다 내 안의 오점은 환히 드러난다. 바로 거기서 사랑을 침전시키며 나는 더 깨끗이 정화된다. 결혼 생활에서 빚어지는 많은 갈등은 사랑이 부족해서 생기는 것이 아니다. 따라서 부부는 서로 비난할 필요가 없다. 갈등이 드러나는 것은 좋은 일이다. 어떤 갈등에서든 무언가 깨끗하지 못한 것이 표면 위로 떠올라 사랑으로 정화되기 때문이다. 이처럼 갈등은 마음을 무거워지게 하는 것이 아니라 점점 더 깨끗하고 맑아지게 한다. 부부가 각자 자신을 더 잘 알게 되며 더욱 겸손해진다. 그렇다고 이것이 사랑의 비정상적인 쾌감(Euphorie)은 아니다. 위기를 통해 생겨나는 내적 맑음과 평온이며 겸손이다. 맑은 샘 같은 이 겸손에서 사랑이 점점 더 깨끗이 흘러나올 수 있다.

●●● 사랑의 내성

올리브 잎은 사랑의 내성을 상징한다. 사랑은 심한 갈등에도 굴복당하지 않는다. 진정한 사랑은 죽음처럼 강하다. 아가서는 "사랑은 죽음처럼 강하고 … 큰 물도 사랑을 끌 수 없고 강물도 휩쓸어 가지 못한답니다"(아가 8,6-7)라고 말한다. 세찬 비바람으로 나무가 단단히 뿌리를 내리듯 사랑도 갈등을 통해 약해지는 것이 아니라 강화된다. 갈등을 많이 겪은 부부일수록 사랑의 내성이 더 강해짐을 믿는다. 사랑이 사라질까 봐 두려워하지 않는다. 이들은 앞으로도 얼마든지 위기가 올 수 있음을 잘 알고 있으나 이들 사랑의 내성은 강해서 온전한 신뢰로 함께 미래를 바라볼 수 있다. 오늘날 갈등으로 인해 사랑이 상처 입을까 두려워 이 갈등을 숨기려 드는 부부들이 적지 않다. 이들 부부는 사랑을 연애 감정과 혼동한다. 이들은 서로 싸우다가 증오심과 복수심이 한꺼번에 일어나면 파국에 이를 것이라고 생각하는 듯하다. 이 모든 것은 일어나도 괜찮다. 다만 중요한 것은 내가 이 감정의 홍수 속을 무사히 헤엄쳐 나오는 것이다. 그러고 나면 부부 관계는 더욱 달라진다. 부부 관계는 점차 이들이 삶의 홍수와 폭풍우 속을 안전하게 뚫고 나가도록 인도하는 방주가 될 것이다.

기름은 진정 작용을 한다. 갈등이 생길 때마다 상처는 덧난다. 배우자가 던진 말 때문에 상처를 받는데 싸움이 끝난 후에도 때때로 상처를 준 말들이 내 안에서 떠올라 와 그 상처를 심화시킨다. 계속해서 아픈 곳을 건드리는 것은 아무 의미가 없다. 관계는 늘 상처를 초래한다. 그러나 가장 중요한 것은 내 사랑과 반려자의 사랑으로 내 상처를 보듬는 것이다. 그럼으로써 상처는 치유될 수 있다. 내가 상처를 후벼 파면 나의 상처는 계속 덧날 수밖에 없다. 그리고 곪아 버린 내 상처는 관계를 흐려 놓는다. 상처를 안은 채 나도 반려자에게 상처를 준다. 사랑은 이러한 상처를 진정시켜 치유할 수 있다. 상흔은 남을 것이나, 나는 그 상흔을 아주 섬세하게 느낄 수 있다. 이 상처를 덮고 있는 부드러운 피부는 나로 하여금 나 자신과 반려자를 섬세하고 부드럽게 다루게 한다. 내가 상처에 사랑을 흘려 넣으면 상처는 진주로 변한다. 이것을 성녀 힐데가르트는 이미 알고 있었다. 우리가 상처로부터 벗어날 수 없음을 힐데가르트는 간파하고 있었다. 그러나 성녀는 또한 우리의 상처가 진주로 변화되는 데서 성취된 삶의 신비를 보았다. 사랑이야말로 우리의 상처를 무언가 값진 것으로 변화시키는 힘이다. 상처는 실로 내가 사랑할 수 있기를, 사랑받기를 깊이 열망하고 있다는 사실을 늘 새롭게 상기시켜 준다.

또한 상처는 하느님의 치유하시는 사랑에 내가 의지하고 있음을 알려 준다. 하느님의 사랑이 없다면 인간의 사랑은 언제든 다시 나에게 상처 입힐 것이다. 인간의 사랑은 부서지기 쉽기 때문이다. 인간의 사랑은 소유욕, 집착, 질투, 기대와 뒤섞여 있다. 오직 하느님의 사랑이 우리의 사랑을 꿰뚫을 때만 우리의 사랑은 치유하고 변화시키는 힘을 가진다.

두 번째로 날아갔던 비둘기는 화해와 평화의 표지로 올리브 잎을 물어 온다. 노아가 이레를 더 기다려 세 번째로 내보낸 비둘기는 다시 돌아오지 않는다. 그 비둘기는 땅에서 충분한 먹이와 내려앉을 수 있는 곳을 발견했기 때문이다. 우리가 위기 때 배우자에게 보내는 사랑은 우선은 그의 상처를 치유한다. 그런 다음에 다시 자유로이 날아다니다가 우리 일상의 땅에서 충분한 양식을 발견한다. 우리 삶은 다시 익숙한 길을 간다. 하지만 이리저리 날아다니는 사랑으로 사는 것이다. 사랑은 공중으로 날아오르다가 우리가 일하고 살아가는 곳으로 다시 내려앉는 비둘기와도 같다. 사랑은 우리의 일상에 활기를 주고 우리를 아래로 잡아끄는 무거운 것을 떨치고 다시 비상하도록 날개를 달아 준다.

노아의 홍수 이야기는 위기와 갈등을 어떻게 극복하고 변화시키는지를 그리고 있다. 이 이야기는 우리가 비현실적으로 들떠서 결혼 생활을 해서는 안 되며, 어디까지나 현실이어야 한다는 것을 보여 준다. 그러나 또한 이 이야기는 갈등이 우리를 갈라놓지 않을 거라는 희망을, 저마다의 인생사로 인해 짐 지고 가야 할 것들이 우리를 덮치지는 않을 거라는 희망을 선사한다. 갈등은 좀 있어도 괜찮다. 살면서 생긴 상처가 극복되지 못한 채 더러 남는다 한들 어떠랴. 우리는 이미 모든 것을 할 수 있는 사람으로, 혹은 성숙한 의사소통의 형태로 어떤 갈등이든 생겨날 때 이미 해소할 수 있는 사람으로 결혼 생활을 하는 것이 아니다. 우리는 악에 물든 세상에서 살았던 그때의 인간처럼 결혼 생활을 한다. 그러나 하느님께서 우리가 결혼 생활을 하다가 홍수를 만날 때 우리를 안전하게 안내해 주는 방주를 만들어 주시리라는 희망을 품고 그 길을 가는 것이다.

c) 사랑과 기쁨의 샘(필리 4,4-9; 요한 15,9-17)

혼인 미사 독서를 '필리피 신자들에게 보낸 서간'과 '요한 복음서'에서 택한 부부가 있었다. 나는 이 두 성경 구절을 혼인의 이정표로 해석하고 싶다. 두 독서 모두 기쁨과 사랑의 개념을 중시한다. 바오로 사도는 필리피 성도들에게 기뻐하라고 권고한다. 기쁨도 결단이 필요하다. 세상에는 좌절을 즐기는 사람이 적지 않다. 그들과 함께 있으면 전혀 좋은 기분일 수가 없다. 그들한테 모든 것은 단지 그림자일 뿐이다. 그래서 이 사람들은 좌절과 슬픔으로 무너져 내린다. 그들은 능동적으로 사는 것이 아니라 수동적으로 삶에 끌려 다닌다. 부부는 기뻐해야 할지 그렇지 않아야 할지, 사랑해야 할지 하지 않아야 할지를 순간마다 결정하며 살아가야 한다. 사람들이 그냥 만들어 낼 수 있는 감정은 없다. 그렇긴 하지만 마음 깊이 깃들어 있는 이 두 감정을 선택하면 이 사랑과 기쁨은 더욱 강력하게 그리고 점진적으로 의식을 규정하게 된다.

●●● 가까이 있는 반려자

사도 바오로는 주님께서 가까이 계시니 기뻐하라고 한다. 그리스도께서 가까이 계심이 우리 기쁨의 이유이지만 반려자가 가까이 있는 것도 우리의 기쁨이다. 우리가 반려자로부터 멀리 떨어져 있을 때조차 그가 우리 가까이 있음을 마음으로 느낀다면 이러한 밀착을 기뻐해도 좋으리라. 우리는 혼자가 아니다. 사랑은 경계를 초월하여 어디서든 반려자의 현존을 느낄 수 있게 해 준다. 또 우리는 걱정하지 않을 때 기쁨을 맛본다. "아무엇도 걱정하지 마십시오.” 그리스어로 ‘걱정’은 근심에 차서 자기를 염려한다는 뜻이다. 걱정은 우리에게서 기쁨을 앗아가고 사랑을 녹여 없앤다. 과연 배우자가 나를 생각하는지, 그가 나에게 신의를 지키는지, 그가 여전히 나를 사랑하는지를 골똘히 생각하는 동안 두려움과 슬픔, 불안과 불신과 같은 감정이 내 안에서 자라난다. 사랑은 배우자에게 신뢰를 보내며 나를 감사와 기쁨으로 충만케 한다.

●●● 우리의 진실

바오로 사도는 편지에서 기쁨에 대한 또 다른 이유를 든다. 그는 편지의 다른 구절에서는 결코 등장하지 않는 말을 여기서 사용한다. 이것은 그 당시 그리스에서 지배적이었던 스토아 철학의 화법이다. “참된 것과 고귀한 것과 의로운 것과 정결한 것과 사랑스러운 것과 영예로운 것은 무엇이든지, 또 덕이 되는 것과 칭송받는 것은 무엇이든지 다 마음에 간직하십시오”(필리 4,8). 바오로 사도는 분명 모든 문제는 기도와 깊은 믿음으로 풀 수 있다고 생각하는 필리피 성도들을 향해 이 말을 하였다. 결혼 생활 역시 깊은 신심으로만 유지될 수는 없다. 결혼의 집을 짓기 위해선 바오로 사도가 여기에 열거한 인간적인 가치들도 필요하다. 그리고 우리가 진정으로 함께하려면 투명한 소통이 필요하다. 우리가 기쁨을 함께하기 위해선 먼저 서로에게 진실해야 하고 또 그것을 바라야 한다. 우리는 서로 아무것도 속일 필요가 없다. 우리 안의 모든 것이 허용된다. 우리 안의 모든 것을 배우자가 알아야 한다. 우리가 배우자에게 알리지 않고 있는 모든 것은 우리로부터, 또 우리의 관계로부터 활력을 앗아간다. 이것은 또한 우리의 약점에도 해당하는 말이다. 우리가 우리의 실수와 약점까지도 배우자에게 드러낼 때에만 두려움 없이 기쁨이 자리하는 관계로 성장할 수 있다.

●●● 우리의 품위

고귀하다는 것은 인간의 품위를 뜻한다. 우리가 함께 살면서 일어나는 모든 논란과 갈등에서 중요한 것은 우리가 우리 자신의 품위를 잘 알고 배우자의 훌륭한 품위를 존중하는 것이다. 부부 중 한 사람이 자기 자신의 품위와 가치를 알지 못한다면 틀림없이 그는 배우자의 가치를 끊임없이 깎아내림으로써 자신의 가치를 높이려 할 것이다. 그러나 이렇게 하는 것은 부부간의 좋은 관계를 위한 토대가 되지 못한다. 자신의 존엄을 인식하는 사람만이 배우자의 가치를 기뻐할 수 있다. 자기 가치를 아는 사람은 끊임없이 배우자와 자기를 비교하는 일을 하지 않는다. 우리는 자신에게 꼭 맞고 자신에게 잘 어울리는 것을 존중해야 한다. 내가 나 자신에

대하여, 또 나에게 잘 어울리는 것에 귀를 기울이지 않으면 타인과의 관계도 원만하지 못할 것이다. 우리는 단지 갈등에서 벗어나기 위하여 의도적으로 자신의 감정을 무시하는 일이 종종 있다. 그러나 그렇게 되면 우리 안의 균열은 더욱 커지고 타인과의 관계도 불투명해진다. 우리는 자기 자신에게 잘 어울리는 것, 자신에게 꼭 맞는 것을 서로 기대하고 요구해야 한다. 자기 자신에게 맞는 것이 종국에는 배우자와의 긴밀한 결합으로 이끌 것이다.

●●● 사랑스러운 것

"정결한 것을 우리 마음속에 간직해야 한다." 정결하다는 것은 투명하고 배우자에게 분명하고 마음속에 감추는 것이 아무것도 없으며 아무것도 속이지 않는다는 것을 의미한다. 그렇게 있는 그대로 자신을 내주는 것이다. 정결하다는 것은 또한 사심 없이 배우자를 사랑하는 것, 무언가를 얻기 위해 배우자를 이용하지 않는 것을 의미한다. 우리는 사랑스러운 것과 칭송할 만한 것을 존중해야 한다. 우리는 모두 각자 충분히 사랑스러운 모습을 간직하고 있다. 우리는 자신 안의 사랑스러운 모습을 스스로 감지할 때에만 서로 사랑할 수 있다. 자신의 존재에 대해서, 있는 그대로의 자신에 대해서 끊임없이 자기를 변호해야 직성이 풀리는 사람들을

나는 알고 있다. 이들은 배우자에게 무언가를 요구할
자신이 없다. 그와 내 안에 사랑할 만한 것이 충분히
있다는 것을 확실히 신뢰할 때만 배우자를 사랑할 수
있다. 그러므로 자신과 배우자에게서 사랑스러운 것들
을 발견하려면 긍정의 안경이 필요하다.

●●● 삶의 의욕

바오로 사도는 덕에 대해서도 언급한다. 덕을 뜻하는
독일어 'Tugend'(투겐트)는 'taugen'(타우겐, 유용하다)이라는
말에서 온 것으로, 오늘날에 적용시키기엔 문제가 있는
개념이다. 하지만 그리스인들에게 'Tugend'는 삶에 도
움을 주는 결정적인 것이었다. 그리스인들에게 'Tu-
gend'는 스스로 자신의 삶을 가꾸고 만들 수 있는 경험
을 의미했다. 로마인들은 덕을 'virtus'(비르투스)로 표현하
는데, 이는 우리 안의 힘을 의미한다. 우리는 우리 삶
을 스스로 살고 우리 삶에 멋진 형상을 부여할 의욕을
지니고 있다는 것이다. 우리는 감정에 휘둘리지 않고
살 수 있다. 그러나 오늘날에는 작은 고통에도 신음 소
리를 낸다. 사람들은 아무것도 할 수가 없다. 우리는
정말 그렇게 되어 버렸다. 'Tugend'는 내가 내 삶을 받
아들여 삶을 가꿀 의욕을 가지게 되리라는 것에 대한
신뢰다. 삶에 대한 의욕으로서의 'Tugend'는 바오로 사
도가 이해하듯 기쁨의 마지막 전제 조건이다.

●●● 일상의 사랑

요한 복음(15,9-17)에서 예수님은 사랑에 대해 말씀하신다. 우리가 사랑할 수 있는 전제는 예수님이 먼저 우리를 사랑하셨다는 것이다. 부부가 되어서 사랑하기 시작한 것이 아니다. 부부는 먼저 부모와 형제, 자매들에게 사랑을 받았기 때문에 서로 사랑하게 된다. 먼저 부모에게 사랑을 받았기 때문에 사랑을 줄 수가 있는 것이다. 또한 부부는 하느님에게서 사랑을 받았기 때문에 서로 사랑할 수 있다. 우리가 계명을 지키면 사랑 안에 머문다. 예수님이 말씀하시는 사랑은 아주 구체적이다. 사랑은 부부가 일상을 함께 가꾸어 가듯 신뢰와 정확성과 자명함으로 입증되어야 한다. 나는 배우자를 사랑한다고 끊임없이 호언하는 부부를 알고 있다. 하지만 남편은 별생각 없이 약속한 시간에 집에 오지 않아, 그의 아내는 사랑을 담아 요리한 음식을 놓아둔 채 두 시간 동안이나 기다려야 한다. 사랑은 구체적이어야 한다. 그렇지 않으면 사랑은 그저 환상일 뿐이다. 부부에겐 서로에게 신뢰를 줄 수 있고 지금 해야 할 바를 행함으로써 사랑을 표현하는 일상의 사랑이 필요하다.

●●● 헌신

예수님은 사랑의 또 다른 면을 보여 준다. "친구들을 위하여 목숨을 내놓는 것보다 더 큰 사랑은 없다"(요한

15,13). 이것은 우리에게 지나친 요구처럼 보인다. 헌신, 희생, 이것은 자기 삶을 살고픈 우리의 자아실현의 욕구와 어긋난다. 그리고 배우자를 위하여 희생하는 것이 중요한 것은 아니다. 자기 스스로 배우자를 위해 모든 것을 감수하고 견디는 희생양으로 느끼는 부부들이 있다. 그러나 이런 사람 곁에 있으면 구원의 분위기가 느껴지는 것이 아니라 오히려 양심의 가책만 생긴다. '희생양' 곁에서는 잘살 수가 없다. 스스로 희생하고 있다고 느끼는 사람 옆에서 배우자는 상대가 그토록 힘들다면 그건 자기 책임이라는 부담감만 끊임없이 가지게 된다. 진정한 사랑에는 조건 없는 헌신이 필요하다. 사랑하는 데는 망설이거나 안전장치를 할 필요가 없다. 이러한 헌신의 절정은 배우자와의 성적性的인 결합이다. 그러나 성적인 결합은 일상에서 무조건적으로 배우자를 수락하는 것으로, 모든 길을 배우자와 함께 걸어가려는 마음가짐으로 그 효과를 드러내야 한다.

●●● 개방

끝으로, 예수님이 우리에게 몸소 보여 주신 사랑을 위한 또 하나의 전제 조건을 제시하려고 한다. 예수께서는 아버지에게서 들은 것을 우리에게 모두 알려 주셨기에 우리를 친구라 부른다. 이러한 개방성은 진정한 사랑의 한 특성이다. 배우자에게 내 안에 있는 모든 것, 이를테면 나의 강함, 나의 힘, 나의 약함까지, 나의 이상적인 이미지와 부합하지 않기에 스스로 부끄러워 내가 보고 싶어 하지 않는 것까지 다 보여 주는 개방성이 그것이다. 거리낌 없는 이러한 개방은 지속적인 사랑에 꼭 필요한 신뢰와 자유의 공간을 만들어 준다. 두려움, 회의, 공격성, 이 모든 것이 내 안에 있어도 상관없다. 내가 이것들을 배우자에게 보여 주면 이것들은 변화될 수 있고 무언가 새로운 것으로 자라날 수 있다. 무엇보다 내가 있는 그대로 존재해도 된다는, 배우자 역시 있는 그대로 좋다는 확신이 자라나게 된다. 이 열려 있는 마음은 먼저 우리 자신과 배우자가 가지고 있던 몇몇 환상을 깨뜨린다. 그렇게 되면 지속적인 사랑에 필요한 자유와 기쁨의 공간이 생겨날 것이다.

마음을 여는 데 점점 더 익숙해지기 위해서는 도움이 필요하다. 일주일에 한 번 시간을 내어 부부가 함께 대화를 나누는 것도 한 방법이 될 것이다. 좋은 규칙은 대화에 소위 '화두'를 던져 줄 수 있을 것이다. 부부 중 한 사람이 화두를 가지고 있는 동안에는 파트너의 방해 없이 계속 말하는 것이 좋다. 이렇게 자신의 마음을 움직이고 있는 것을 조용하고 편안하게 표현할 수 있다. 그런 다음에 배우자에게 화두를 넘기고 원 없이 말하게 한다.

전망

혼인의 본질을 숙고하고 혼인 전례 예식에 대해 묵상하며 성경 구절을 음미하는 것이 혼인식과 공동의 삶의 여정을 준비하는 신혼부부한테만 도움이 되는 것은 아니다. 이것은 이미 오랜 세월을 함께한 부부에게도 좋다. 우리의 삶은 늘 새롭게 성찰되어야 한다. 그렇지 않으면 무미건조해진다. 결혼기념일에 일부러 시간을 내어 함께 걸어가는 인생 여정에 대해 숙고하는 것도 아름다운 의식이 될 것이다. 부부는 서로 함께 시작했을 때의 힘을, 사랑에 빠졌을 때를, 또 반려자의 매력을 기억해 낼 수 있다. 함께 결혼식 사진을 보면 혼인 전례 예식에 대한 기억이 떠오를 것이다. 그리고 아마

그때 택했던 성경 구절과 혼인 강론 몇 대목도 기억해 낼 수 있을 것이다. 그런 다음에 그들은 현재의 부부 생활을 바라보며, 자기도 모르는 사이에 반려자에게 무슨 좋지 않은 언행이라도 한 것은 없는지, 쇄신과 정화와 강화가 필요한 점은 없는지를 서로 물어볼 수 있다.

은혼식과 금혼식은 지금까지의 결혼 여정을 성찰하고, 신성하여 결코 마르지 않을 사랑의 샘을 맛볼 좋은 기회가 될 것이다. 공동으로 예식을 준비하는 것은, 무엇이 그들을 함께 묶어 주며, 어떤 때 그들이 힘들어하는지, 어떤 때 상처를 받는다고 느끼는지, 그렇지만 또 무엇에 감사하고 무엇이 그들을 기쁨으로 충만케 하는지를 서로 이야기하는 좋은 기회가 될 수 있을 것이다. 또한 그들은 결혼기념일에 어떤 미사 예식을 드리기를 원하는지, 어떤 갱신 전례를 원하는지 함께 생각해 보는 것도 좋을 것이다. 적지 않은 부부들이 성대한 의식 외에도 그들의 혼인 계약을 새롭게 하기 위한 의식을 치른다. 그들의 사랑이 식어 가고 있다는 느낌이 들 때면 언제나 혼인초에 불을 붙이고 따스한 불빛을 받으며 새롭게 반지를 끼워 주는 의식도 좋다. 이때 부부는 각자 반려자에게 무슨 말을 하면서 반지를 끼워 주고 싶은지, 바로 지금 자기한테 중요한 것이 무엇인지를 생각한다. 해마다 찾아오는 결혼기념일을 계기로 혼인 서약을 새롭게 하는 의식을 행하는 부부들도 많다. 부부마다 그들의 혼인 계약을 새롭게 하기 위한 그들 고유의 의식을 행하면 좋을 것이다.

이 책이 부부가 함께 걸어가는 혼인 여정에서 신선한 의욕을 얻고 처음 사랑하기 시작했을 때를 기억해 내는 데 도움될 수 있기를 바란다. 처음에 그러했듯, 추억은 두 사람이 다시 그렇게 사랑하도록 도울 수 있다. 그러나 사랑은 처음만 중요한 것이 아니다. 신성하여 결코 마르지 않을 사랑의 샘을 지금 새로이 발견하는 것도 또한 중요하다. 다함이 없는 하느님 사랑의 샘은 일상에서 때가 묻고 종종 진부해지는 우리 사랑에 다시 생기를 불어넣어 새롭게 우리 안에 흘러 들어가게 할 수 있다. 그러면 우리는 감사로 충만하여 우리 삶의 모든 폭풍우와 위기를 극복한 우리 사랑의 신비와 늘 새롭게 마주할 것이다.